add *editore*

192 LAPS TO GO

Per scoprire altri contenuti del libro:
www.lapoelkann.com

L'editore è a disposizione degli aventi diritto
non potuti contattare per le immagini riprodotte nel libro.

Per le immagini, dove non diversamente indicato
© Alessandro Villata, www.thefreaks.it

Altri crediti fotografici: pp. 163, 162, 130 basso destra, 121, 107, 101, 89 basso, 67, 57, 23 © A.M.B.; 89 alto, 85, 75, 65 © Barbara Buschiazzo; 63 © Massimo Sestini; 45, 41 © Pierpaolo Ferrari.

Progetto Grafico Ivan Johnson & Lazlo Kovaks

ISBN 978-88-96873-87-8
www.addeditore.it

Finito di stampare nel mese di dicembre 2012
presso *Arti Grafiche DIAL* (Mondovì)
per conto di add *editore*

FSC
www.fsc.org
MISTO
Carta
da fonti gestite in
maniera responsabile
FSC® C044117

LAPO

LE REGOLE DEL MIO STILE

in collaborazione con
Michela Gattermayer

190 LAPS TO GO

add *editore*

Al mio migliore amico, Duc,
sempre nel cuore.

Indice

Lo stile è il modo in cui affronto la vita. Per questo ho voluto scriverci un libro, senza arroganza, presunzione o pretesa di insegnare qualcosa.

Solo per dire come la penso sull'argomento che mi sta molto a cuore, credo che lo stile avrà un ruolo importantissimo nei prossimi anni: se ne parlerà e ce ne vorrà sempre di più.

Questo libro non avrà la parola fine: è il primo capitolo di un discorso che, proprio perché in continua evoluzione, non si concluderà mai.

È una raccolta di suggestioni e pensieri: ci tenevo a condividerli con chi li leggerà.

LOS
A 3

TILE

60°

Lo stile rende la vita più bella, più unica. E lo stile dipende da te, da quanta voglia hai di lavorare su di te, sul tuo sapere. Nasci, ti insegnano certi valori ma poi cresci. Puoi migliorare o peggiorare, sei tu a decidere. Perché stile vuol dire conoscenza. Ma vuol dire anche come ti poni nei confronti degli altri, far sì che le persone quando sono con te siano a proprio agio. Questo è saper stare al mondo con stile, poi tutto si traduce in eleganza, raffinatezza. Lo stile è portamento, e comportamento.

Dipende da te, da quanta voglia hai di conoscerti. È un impegno: mettersi in gioco e saper cambiare quando è necessario farlo. A me è successo, per certi versi non avevo scelta, e così ho imparato a conoscermi senza paura. Il passaggio successivo è quello che ti fa avvicinare agli altri. È il rapporto che riesci a instaurare con chi ti sta attorno quello che davvero cambia la tua vita.

È una questione di modo di porsi: ho scoperto che è bello fare in modo che le persone, quando sono con te lo facciano volentieri. Fa bene a loro, ma fa bene a te. Ecco, tutto ciò, il tuo rapporto con te stesso, quello con gli altri, il modo in cui fai star bene chi ti circonda è ciò che definisce il tuo stile, è parte integrante del tuo stile.

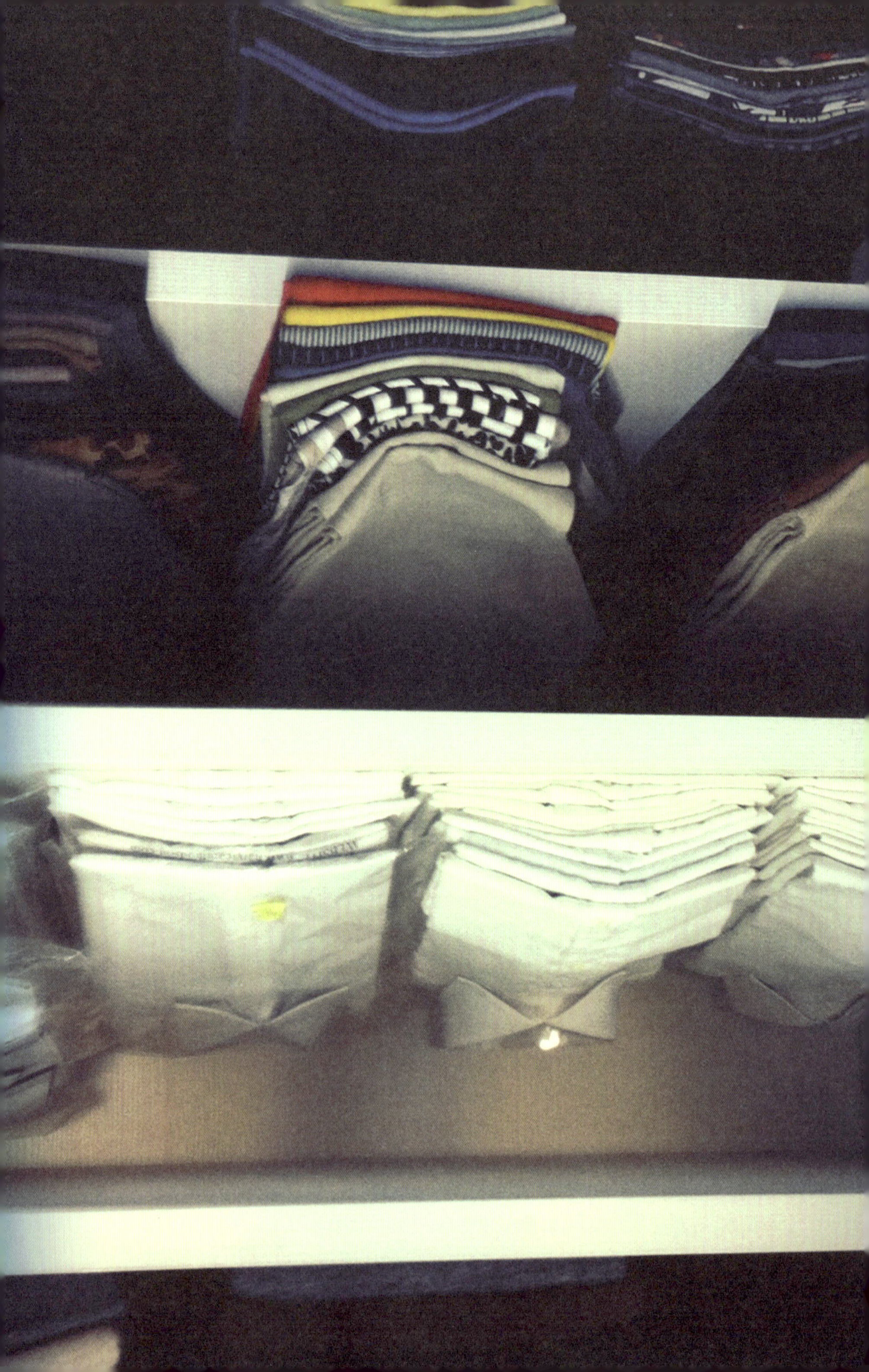

Lo stile è fatto di tante cose, c'è il modo in cui tu vedi il mondo tanto quanto quello in cui il mondo vede te, molte sfaccettature, infinite aree di riferimento, non solo ciò che indossi o ciò che mangi, ma ciò che pensi, il modo in cui parli, il modo in cui gli altri parlano con te, le cose che sogni.

Quando leggo i giornali che parlano di stile, spiegandone le regole, non sono quasi mai d'accordo, perché credo che la cosa più utile per capire sia viaggiare, viaggiare sul serio. Per vedere e toccare con mano, scegliere, per poi costruire. Ciò significa rendere più unica la propria vita, e non solo da un punto di vista estetico, ma da un punto di vista di relazione con ciò che ti circonda. Questo è saper stare al mondo con stile, con eleganza.

L'eleganza rispecchia quello che hai fatto, pensato, visto in ogni momento della tua vita, e diventa il tuo modo di essere, in cui metti in gioco personalità, audacia e libertà.

L'eleganza non è immagine. O almeno, non unicamente. L'immagine è importante, ma se dietro non c'è la sostanza è inutile. È solo fumo negli occhi.

La sostanza di una persona è la somma di quello che ha vissuto, ma soprattutto del modo in cui l'ha fatto: incontri, pensieri, creazione, innovazione, passioni.

Viviamo anni in cui fortunatamente molto di quello che era fasullo si sta sgretolando, in cui apparire non basta, perché apparire non vuole dire nulla, se non porta con sé qualcosa di più importante. L'immagine deve rispecchiare quello che uno è, e quello cui aspira. Deve raccontare quali sono i tuoi interessi, chi sei tu come persona, cosa provi, in cosa credi. E deve farlo in maniera schietta, aperta.

Per me è così: sono più anglosassone che latino, anche quando devo comunicare. Sono schietto, non tergiverso, sono diretto nelle mie opinioni, me ne assumo le responsabilità, non mi nascondo dietro a un dito. Il modo in cui mi presento porta evidentemente con sé tutto ciò. Ne sono felice.

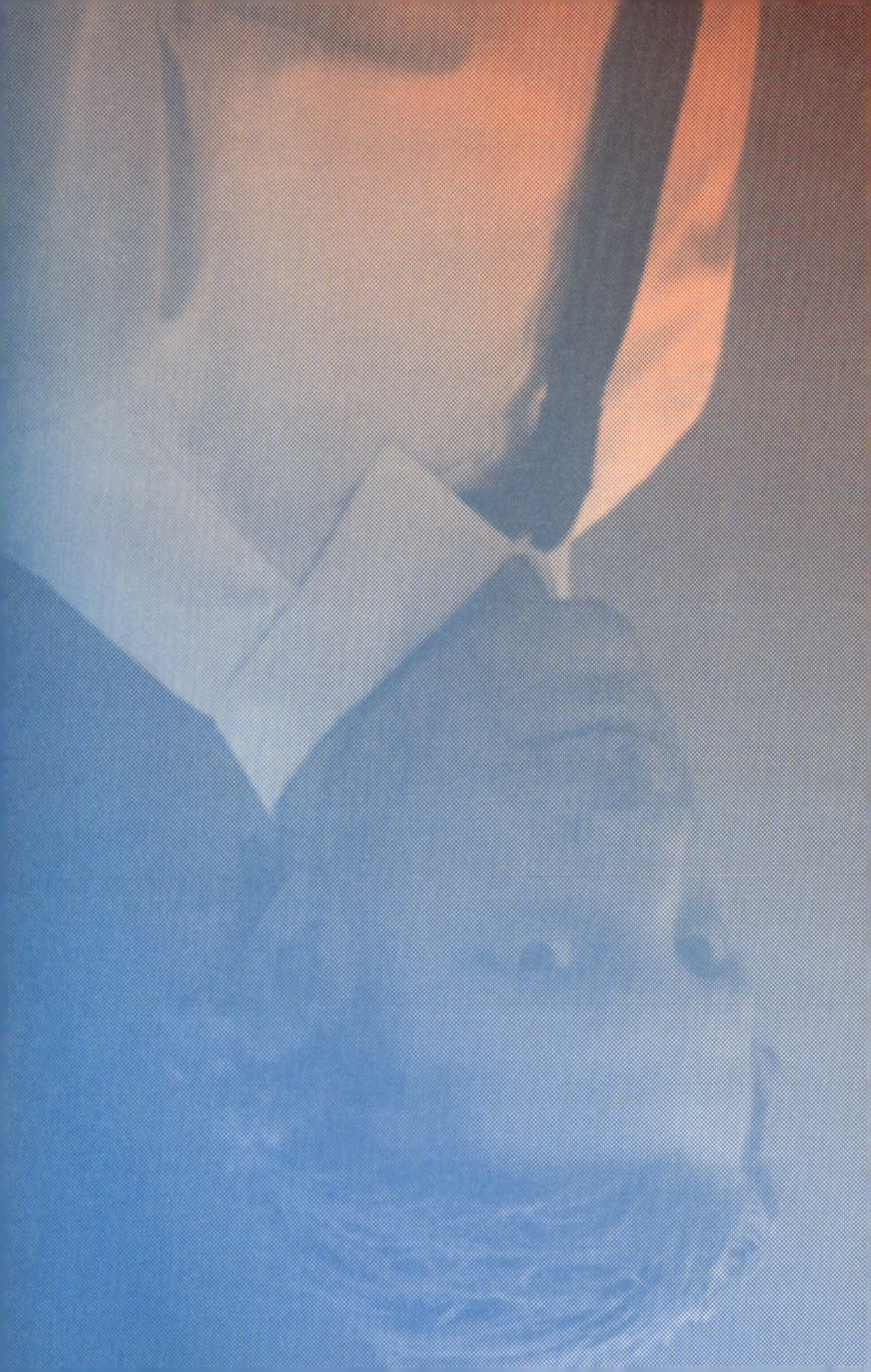

Dicono che sono un dandy: falso, la mia non è una posa, quello che faccio non lo faccio per stupire.

A me piace il bello in tutti i suoi aspetti – dal cibo che può voler dire andare da Eataly per mangiare qualcosa e godere della frutta e del pesce ben disposti – all'arredamento che è un altro modo in cui comunichiamo con chi ci sta attorno. Se poi parliamo di abbigliamento, chi l'ha detto che lo smoking debba essere nero e portato con le pantofole di vernice? Io lo metto con la T-shirt e le sneaker se mi piace così, perché ognuno dei vestiti che indosso per me vuol dire qualcosa, ha un significato che va oltre il "dover piacere a qualcuno" ed essere "alla moda". Sul vestire non voglio che mi si rompano le scatole, e lo dico senza arroganza. Devo avere la libertà di decidere, di essere quello che voglio, anche fuori dai canoni. Faccio come mi pare.

I tessuti li scelgo io e mi piace essere creativo, inventivo. Lo sono nella vita, lo sono quindi anche dentro uno smoking.

La provocazione stupida

mi dà fastidio.

Vestirsi è un atto di creatività. E nella creatività ci sono *creazione* e *attività*. Il pensare e il fare. Il fermarsi per elaborare l'idea e il muoversi per costruirla. Spesso bisogna rifugiarsi nel passato per migliorare il futuro, cercando lì le tracce di quello che possiamo essere. Mescolando con stile passato, presente e futuro è sempre possibile trovare le risposte che cerchiamo. Basta capire il giusto equilibrio tra le parti, e ognuno ne troverà uno diverso.

Al budget sempre più piccolo si deve rispondere con idee sempre più grandi. Niente marche per forza. Niente lusso imposto, ma piuttosto quello costruito, affinato giorno dopo giorno seguendo i propri gusti e le proprie inclinazioni.

Non è una questione di quanti abiti possiedi. Quello che fa la differenza è come li porti.

Posso mettermi un abito blu classico, o uno grigio per passare inosservato ed essere elegante se la situazione lo richiede. Oppure essere eccessivo quando è il caso di esserlo e mi sento di farlo. Devo avere la libertà di decidere ed essere quello che voglio.

Ma non è per provocare: la provocazione stupida mi dà fastidio. La provocazione costruita, cercata, creata appositamente non ha nulla a che vedere con lo stile, perché è finta e fine a se stessa. È lunga il tempo di una battuta, poi scompare. Per me provocare vuol dire rompere una consuetudine, se non mi convince, per fare una cosa che sia bella e intelligente. E magari scoprire qualcosa di inatteso che non avevano ancora immaginato.

La differenza tra moda e stile: non un logo, ma il prodotto e la sua storia.

Non un semplice simbolo, ma un contenuto.

Less is more. Meno c'è, meglio è. Oggi il lusso non è più fare in grande, è diventato invece guardare il piccolo, il particolare. Non è dunque una questione di soldi ma di idee. Il lusso è sperimentare, puntando, per esempio, sui dettagli: i bottoni da colorare in mille modi o le fodere delle giacche su cui stampare quadri o vedute di città. Se apro i miei armadi sono le personalizzazioni quelle che mi piacciono di più, sono quegli interventi nati da un'idea improvvisa, semplice ma essenziale, che ha dato personalità a qualcosa che non l'aveva. L'ha resa unica.

Il lusso intelligente è personalizzare, il *tailor made,* avere le cose come le vuoi tu e non per forza spendere montagne di soldi per mettersi addosso un'etichetta. La gente oggi vuole scoprire dei mondi quando si veste o quando deve decidere come arredare la casa. Vuole ricerca reale e reale lavoro nei prodotti che compra. Questo vale per una T-shirt come per uno smoking. Dietro ognuno di questi prodotti deve necessariamente esserci qualcosa di più di un brand: qualità innanzitutto, serietà, affidabilità e poi innovazione. Questa è la premessa per scegliere il proprio abbigliamento, ma anche, per esempio, il cibo, la vacanza, il divertimento.

Dopo anni di omologazione – tutti uguali, tutti identici – oggi questo non funziona più, oggi funziona la personalità, funziona l'idea, funziona l'impronta che si lascia sulle cose.

Personalizzare. È il concetto sul quale lavoro con le mie imprese. Perché credo che nessuno si debba sentire obbligato ad avere e usare oggetti fatti in un certo modo solo perché così ci vengono imposti.

Chiunque oggi dovrebbe avere la libertà di prendere un oggetto e renderlo più suo. Tutto si può personalizzare, dall'accendino usa e getta alla T-shirt, dalle sneaker alla Ferrari. Non bisogna aver paura di farlo, chi teme la propria creatività è destinato a perderla.

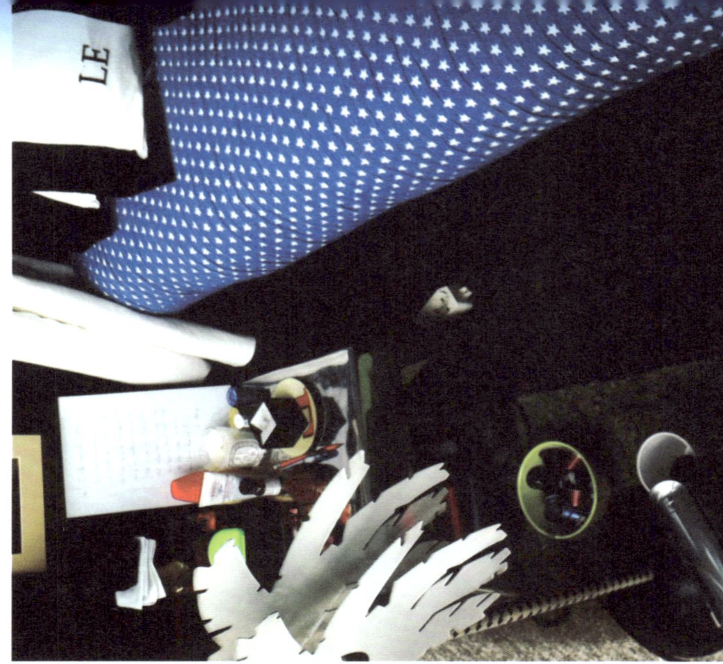
LE

Se hai inventiva puoi applicare il tuo gusto a tutto. Ma cos'è il gusto? Ognuno si costruisce il suo: classico, eclettico, eccentrico, dandy, moderno... Non importa. Che sia il tuo invece sì. Il mio (fortuna e sfortuna) deriva dall'insalata mista culturale in cui sono cresciuto e in cui sono sempre vissuto: sono nato in America, ho fatto la scuola francese, ho abitato in Brasile e vissuto, viaggiato e lavorato in tutto il mondo. Non ho limiti geografici nel pensare le cose. Sono versatile, so adattarmi ai luoghi, alle situazioni, alle persone, ma sempre con il mio stile. Vogliamo trovare una definizione? "Italiano internazionale": mi piacciono certe cose degli inglesi, altre degli italiani, dei francesi, dei brasiliani, degli americani. Sono italiano, ma mi sento un uomo del mondo.

Il gusto? Ognuno si costruisce il suo: classico, eclettico, eccentrico, dandy, moderno... Non importa. Che sia il tuo invece sì.

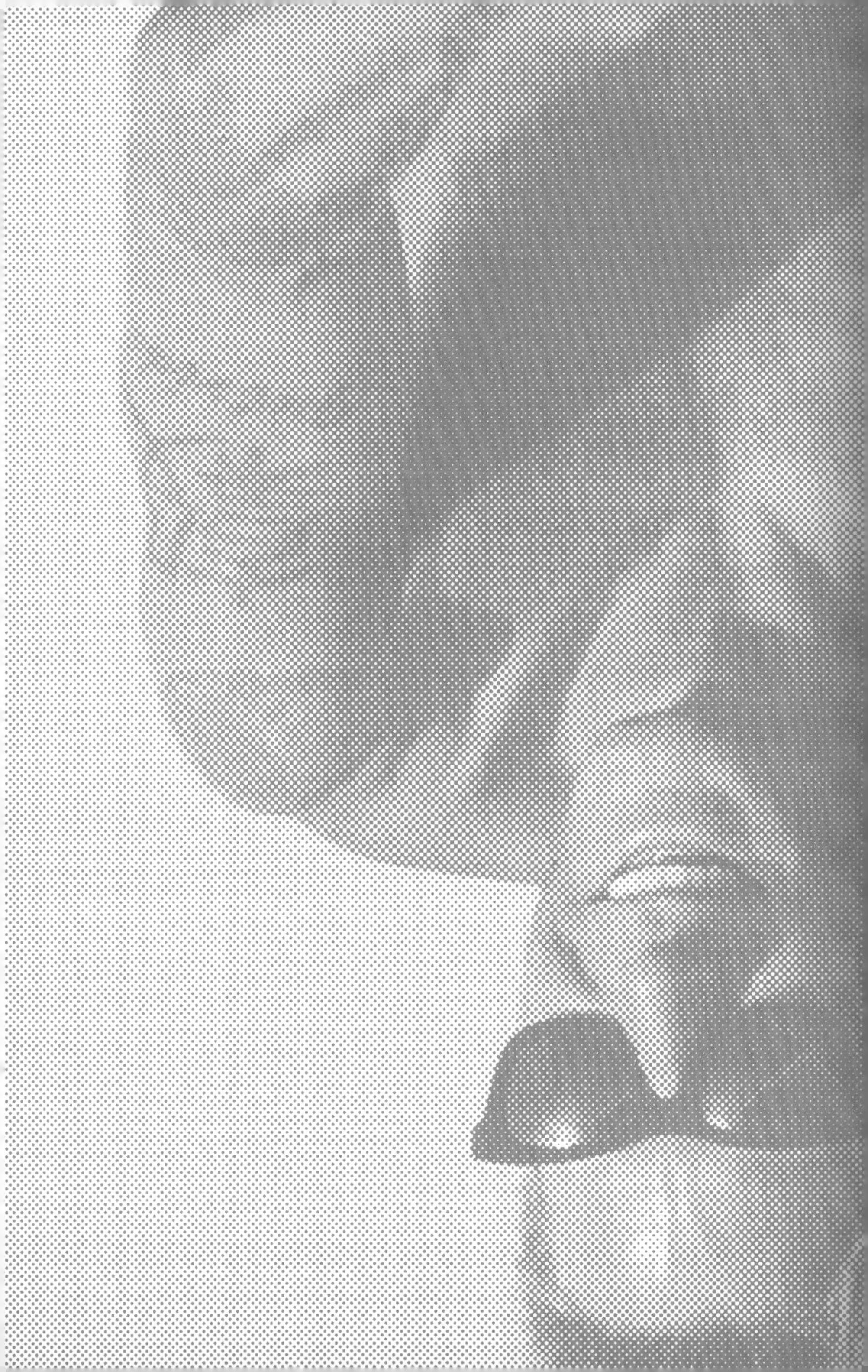

SMEG

Oggi, se vuoi fare qualcosa di grande, devi distinguerti dagli altri, perché guardandosi attorno tutto sembra già stato detto e fatto benissimo. Ci sono forme del passato perfette così come sono, e non ho certo la presunzione di inventarne di migliori. Quali? La Fiat 500 e la Ferrari 250 GTO, il doppiopetto del primo Caraceni fatto su misura per Gary Cooper... Impossibile anche solo pensare di fare meglio. Quello che si può fare è altro: credo che si possa costruire un'elaborazione intelligente e rispettosa partendo da questi esempi di perfezione. Per farlo c'è solo una strada: passare attraverso la tradizione e l'innovazione. Perché, allora, non usare una forma classica e trasformarla usando un materiale tecnologico? Perché non tenere la perfezione del passato usando su di essa la maggiore risorsa del presente, ossia la tecnologia? Sono questi due elementi la base del mio lavoro e del mio stile: l'antico e il nuovo. Ieri e domani. Ai quali si aggiunge la contaminazione, non solo geografica, anche di genere. Faccio un esempio: perché non prendere elementi tipici della sartoria maschile e usarli per gli interni delle auto? E perché non trasferire certe tecnologie dall'auto agli occhiali? E utilizzare il denim per vestire un frigorifero? Detto fatto. Bisogna spingersi oltre, avere il coraggio e l'inventiva. E la voglia costante di migliorare le cose, la curiosità di vedere fino a che punto si può arrivare per essere portatori di nuovo e di energia. Questo è il mio stile di vita: il modo in cui penso, mi vesto, vivo, viaggio e soprattutto lavoro. Non lo dimentico mai e lo vivo in tutte le cose che faccio, amandole perché ognuna di loro è un pezzo di me.

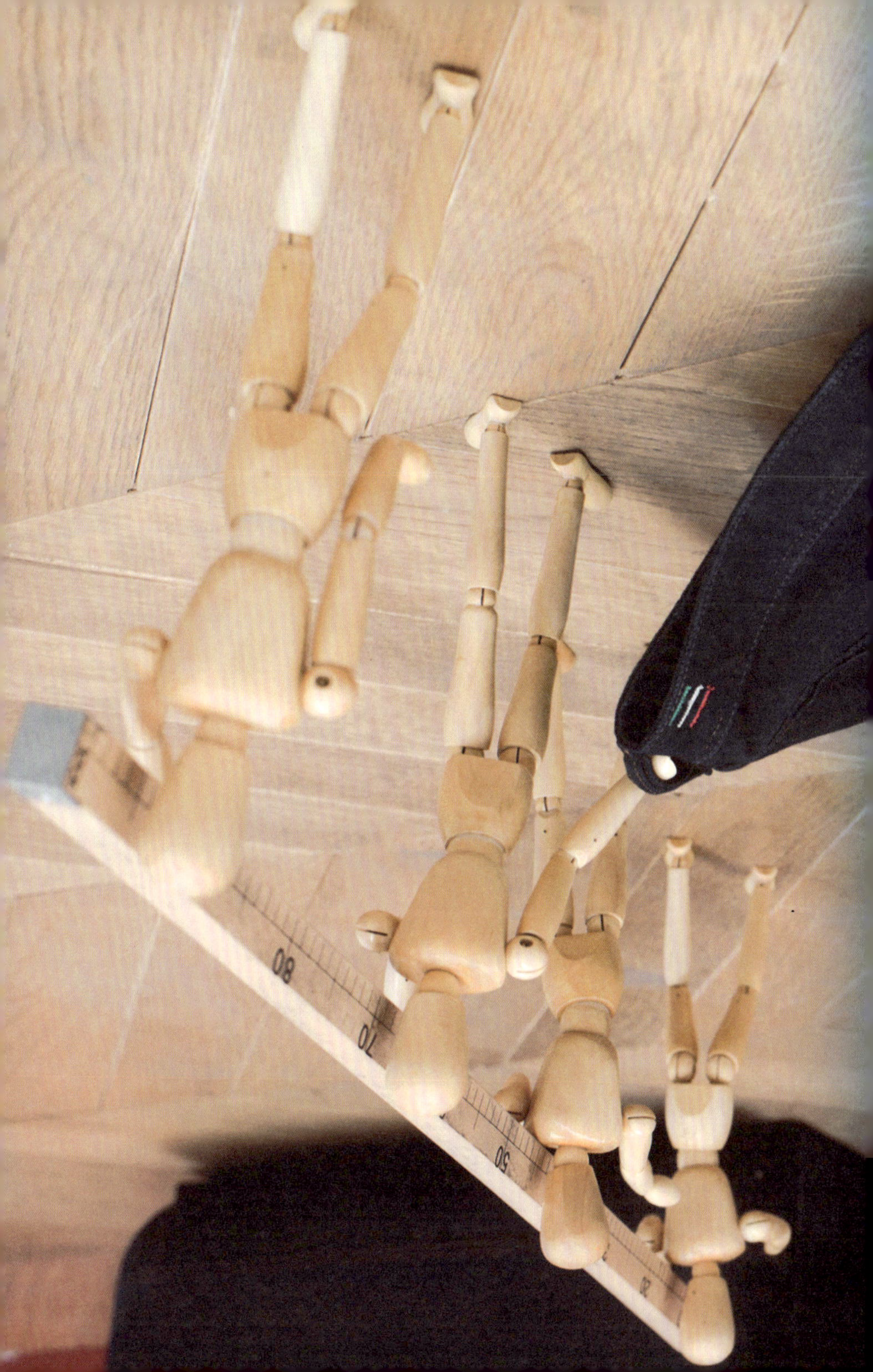

GUA
RO

BA
RDA

Mi piace vestirmi, è evidente. E amo giocare con i vestiti, gli accessori. Mi diverto a mescolare, a spiazzare. Voglio essere diverso dagli altri: ogni giorno e, sempre. Sono vanitoso? Certo. Credo che a giuste dosi la vanità faccia bene. Ti spinge a migliorarti. So di essere esagerato. Gli armadi, a casa mia, sono un po' ovunque: in ingresso, in camera da letto, in sala da pranzo, sui ballatoi. Non basta una cabina, che pure ha la sua dignità in fatto di dimensioni, a contenere tutto quello che mi piace. So di avere troppa roba in giro, molta inutile, sarebbe ora di fare un po' di pulizia.

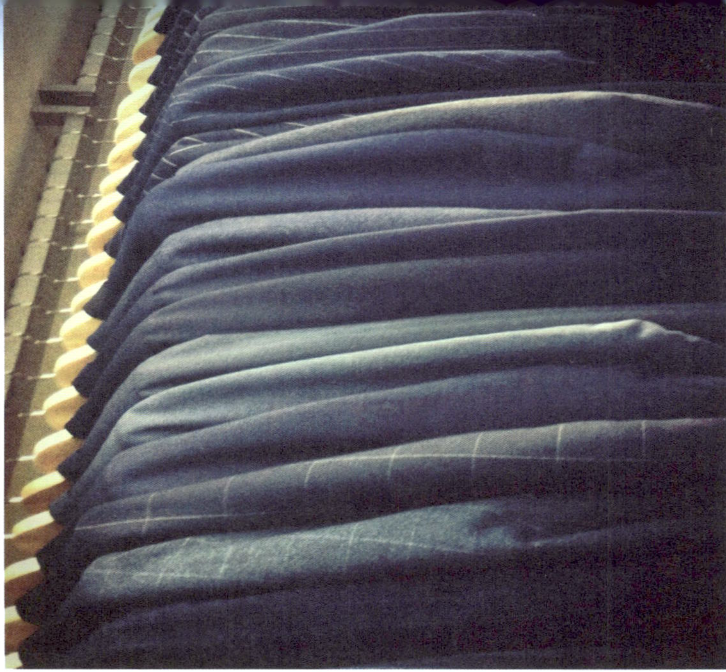

GUARDAROBA

IL GESSATO

Tra i nove e i quindici anni adoravo vestirmi per gioco come si usava negli anni Trenta e Quaranta, come Al Capone, il Grande Gatsby così, per giocare. Il gessato è dunque da sempre l'abito "principe" per me. Un mondo: c'è quello da City, da banchiere perbenino con la righina stretta e la spalla all'inglese; e c'è quello più sgargiante e spudorato, all'italiana, che a me piace più di altri. Doppiariga, riga larga, riga con le lettere, nero di lino quattrocento grammi, duecentocinquanta grammi, di cashmere, di flanella: ne ho tanti, è uno dei disegni che preferisco.

Sto addirittura studiando un'auto con la carrozzeria gessata. Gessato è anche il mio abito preferito: è legato al lancio di una macchina e all'incontro con una certa persona.

IL SOLARO

In realtà il nome brevettato è Original Solaro made in England. Per intenderci è quel tessuto beige cangiante che cambia colore con la luce. Ha i riflessi rossi ma io ho abiti anche che tendono al verde, all'arancione, al blu. In Inghilterra mi sono fatto uno smoking Solaro perché anche lo smoking si presta a essere interpretato e non bisogna temere di farlo. Osare tessuti diversi su tagli classici può essere molto divertente. Ne ricordo uno in Solaro che ho messo con delle espadrilles in tinta.

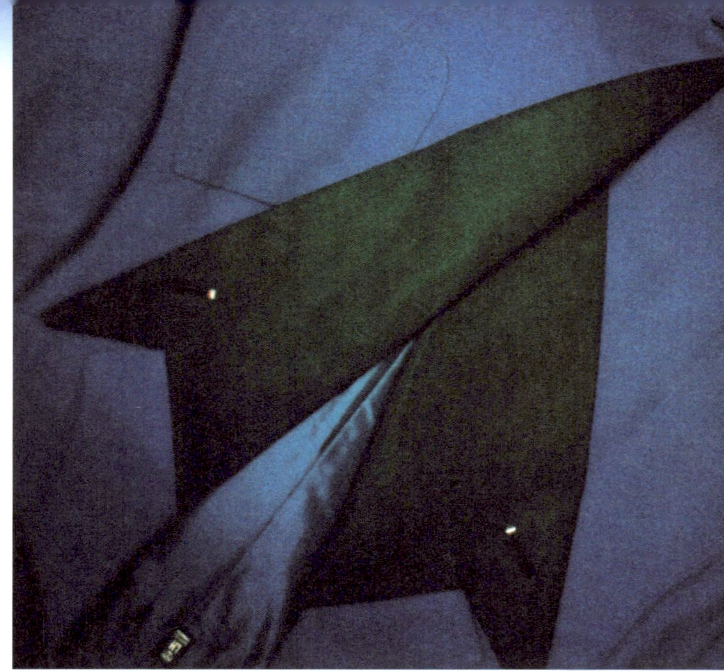

LO SMOKING

Molti percepiscono lo smoking come un abito istituzionale, anche un po' noioso. Perché non sono capaci di contaminare. Questa mia affermazione non vuole essere presuntuosa, voglio dire che uno può mettere lo smoking con i pantaloni della tuta da ginnastica o con i blu jeans, tutto dipende da come uno lo fa. Ho uno smoking verde di panno, un altro verde di velluto, posseggo un *dinner jacket* color vinaccia, uno smoking blu, un altro antracite di cashmere. E poi gessato grigio, gessato bianco, panna, nero, blu scurissimo con revers neri, carta da zucchero, in denim con cimossa giapponese, un doppiopetto punte a lancia e quattro bottoni, un sei bottoni, un monopetto punte a lancia e un bottone, un quattro bottoni (o due) con revers tondi... Per me non ci sono regole. Uno ha la giacca con i tagli dietro come usano i cavallerizzi. Molti hanno fodere giocose con i samurai o fatte con vecchi foulard con stampate barche o navi da guerra, mappamondi e vecchie Ferrari: tutto riciclato, li avevo io o li ho trovati dal sarto. Lo smoking fatto per Italia Independent è in cordura: lo puoi piegare, stropicciare e buttare e non si sgualcisce mai.

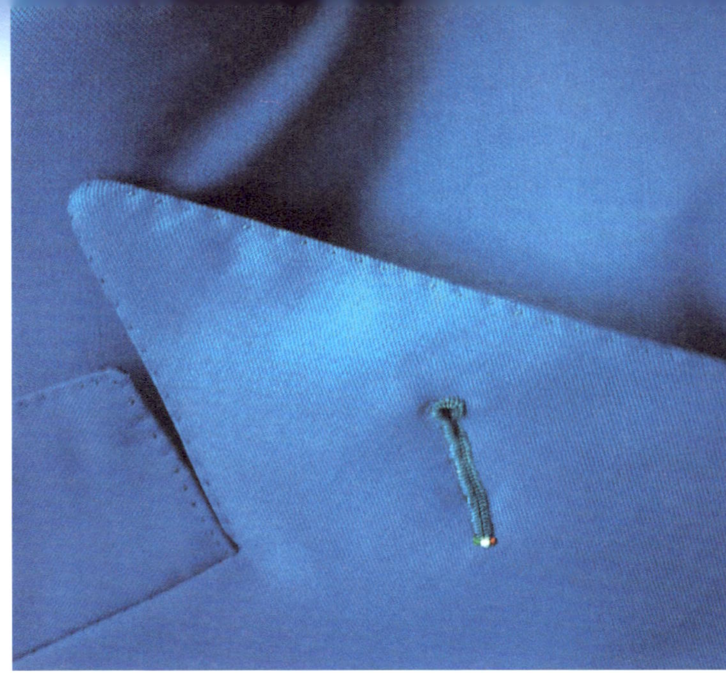

GLI ABITI

Ci sono più scuole di pensiero fra i sarti. Per esempio sui bottoni ai polsi delle giacche: alcune tradizioni sartoriali dicono che ce ne devono essere tre o quattro, o due poi un separé e altri due, come fanno gli inglesi. Certi stilisti hanno incafonito le giacche su misura mettendoci cinque bottoni.

Con i miei sarti ho un rapporto speciale: sono un cliente perché pago i miei conti, ma sono anche un amico. Mi piace andare a mangiare con loro, voglio capire e carpire le loro qualità e le loro capacità perché sono degli artisti e ognuno di loro ha pregi diversi. Per me è importante perché mi piace modellare il vestito come intendo io. Ho fatto abiti da Mescia a Torino, da Caraceni a Milano e a Roma, da Huntsman e Anderson&Sheppard a Londra. Quando voglio puntigliare sul dettaglio scelgo Rubinacci a Milano, quando voglio delle cose più semplici vado da Santandrea sempre a Milano, a Torino c'è Martorana. Poi ho degli indirizzi segreti: uno a Londra dove faccio gli abiti con cinquecento euro, uno a Hong Kong con settecento euro. Sono un maniaco dei bottoni e li cambio spesso. Li trovo in due negozietti a Firenze e a Londra. Ho bottoni con il cavallino Ferrari o il tappo della Coca-Cola.

Negli ultimi quattro anni sull'asola sinistra ho messo un lieve tricolore perché mi piace girare il mondo con un segno distintivo di italianità.

I COLORI

Il mio stile è spesso sorprendente per come vivo e indosso il colore che per me è l'elemento fondamentale. Amo la vita e dunque amo il colore, che è la sua espressione migliore. Lo si vede in casa mia, nel mio lavoro e su quello che indosso. È complicato raccontare come vivo il colore ed è impossibile esprimere le mie preferenze perché credo di usarli tutti, dai tradizionali blu e grigi ai marroni, i verdi, i panna, i bianchi. Mai il nero: non posseggo abiti neri, quelli sono un po' da body-guard o per un certo tipo di ricchi o un certo mondo della moda che non mi appartiene. Se devo scegliere dico che il blu è il mio colore preferito. La sua palette è infinita. Ma metto anche il rosso, il giallo, il verde, l'arancione, il pistacchio, il limone... Dove li uso? Per le giacche, i golf, le calze e le cravatte, non temo gli accostamenti quando mi sembrano naturalmente eleganti.

IL BIANCO

Sono tantissime le varianti di bianco che io porto molto, anche per le scarpe. Bianco carta, bianco ottico, bianco latte, bianco nocciola, bianco neve...

Ti consente di usare molto bene qualsiasi colore. Ho giacche di cashmere bianco, con i bottoni d'oro da marinaio, di cashmere con riflessi metallici, doppiopetto e monopetto, di lino a bordo tondo per l'estate. No alle calze bianche (a parte quando faccio sport), non le considero di buon gusto.

IL BIANCO-E-NERO

Questo accostamento mi piace ed è importante anche da un punto di vista affettivo: è la mia amata Juventus. Ma trovo che sia il massimo anche da un punto di vista di stile: può essere elegantissimo se ben applicato e portato nel modo giusto. Il bianco e nero è straordinario anche in architettura e nel design. Miscelati con altri, questi due colori danno eleganza, stile e costruiscono le forme. Belli i gessati, gli smoking tartan, i jeans optical.

A Cannes 2012 ero abbastanza a mio agio con uno smoking bianco e nero, con i bottoni rigorosamente neri. Era la scelta migliore sul red carpet.

IL TWEED

Ho ereditato moltissimi abiti di tweed da mio nonno Gianni, molti della storica sartoria Caraceni. Abbiamo più o meno la stessa taglia: lui era alto uno e ottanta, io uno e ottantadue. Qualcuno ha detto di me che, proprio come faceva lui, mi succede di lanciare le mode che saranno poi gli altri a seguire. Per me, come per lui, il tweed non poteva mancare. Tweed irlandesi, inglesi, spessi, leggeri, a pattern larghi o piccoli. Dai 250 ai 450 grammi. Li porto con disinvoltura, con i pantaloni di velluto, i jeans, la camicia di denim, la camicia bianca e la cravatta, dipende dal contesto. Non faccio il nobiluomo che va a caccia con il tweed e non faccio il "tweeddaro" che tira fuori l'abito per darsi un tono nella passeggiata della domenica. Mi piace con il collo alto d'inverno per stare caldo perché porto poco il cappotto. Il tweed più è vecchio più è bello, più è liso e usurato più diventa elegante. E quando è il caso le toppe della tinta giusta non possono che renderlo ancora più elegante.

GLI SCACCHI

Li amo. Non quelli piccoli, troppo conformisti. Io voglio quelli larghi, blu su rosso, grigio su bianco, blu su blu, bianco su blu, doppiopetto e monopetto. Amo gli scacchi, come mi piace anche il Principe di Galles: di lino con interno bianco e nero come la maglia della Juve, a tre bottoni, doppiopetto. Lo scacco deve colpire, spiazzare per la dimensione e l'abbinamento dei colori, essere visibile per non perdere il suo essere decorativo.

PANTALONI

Li porto con e senza risvolto. I pantaloni degli abiti non hanno mai i passanti perché non uso la cintura con l'abito intero. Metto anche pantaloni stranissimi. C'è un negozio a New York che fa

i pantaloni per Iggy Pop e Johnny Hallyday ed è lì che trovo dei jeans neri che, lavandoli, diventano a fulmini o da marroni si trasformano in mimetici. Mi divertono, costano poco, dai cinquanta ai settanta dollari, e il proprietario del negozio è simpaticissimo. Non dico dove si trova perché è un indirizzo che tengo per me, uno dei piccoli segreti necessari. Ho pantaloni di ogni tipo, da quelli da aikido e da taekwondo ai pijama che io porto con la giacca. E siccome sono curioso, amo guardare e capire e sono molto attratto da certe culture, ho l'armadio pieno di pantaloni tecnici giapponesi e coreani.

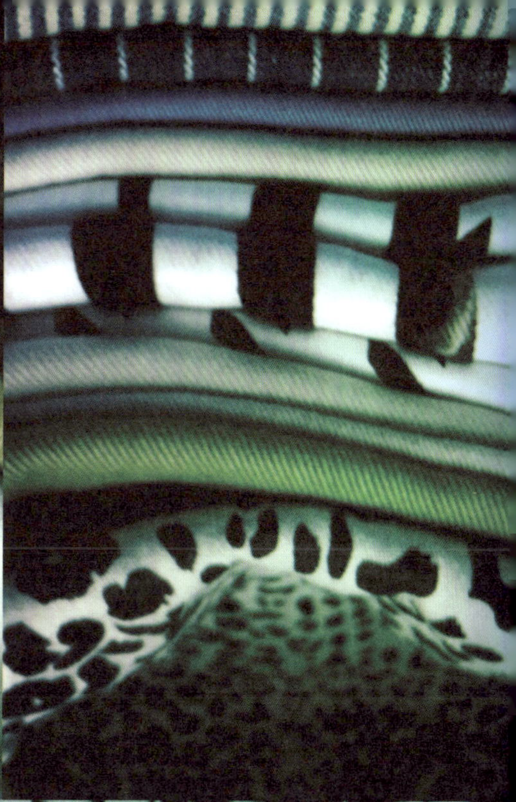

IL DENIM

Ho davvero una montagna di jeans. Vecchi Diesel, Levi's, Wrangler, Carhartt... Sono i miei preferiti, perché sono usati come dico io. Quelli di Care Label me li faccio fare con lavaggi particolari e ci lavoro su con Leopoldo Durante: con lui abbiamo ideato e prodotto anche quelli per Italia Independent. Tra le cose che amo c'è anche una giacca da smoking di denim e alcuni abiti che trovo raffinatissimi. Mi piacciono molto le camicie: ne ho una collezione vintage.

Le mie preferite? Una in denim rosso e una molto molto vecchia che avevo comprato in un mercatino a Los Angeles. I jeans sono l'oggetto più ecumenico e democratico al mondo: chi non ne ha uno nel suo armadio? Dal papa al cameriere al presidente della repubblica al pilota... E il denim va con tutto, può essere applicato a tutto: ci ho fatto il sellino del motorino, l'interno della mia Ferrari, i miei smoking, il frigorifero. Ma bisogna saperlo portare.

LE CAMICIE

Me le faccio fare da più di un camiciaio. A Perugia da Lemmi, a Genova da Finollo, a Milano da AD56. Porto molto volentieri delle vecchissime Brooks Brothers. Comunque di camicie bisognerebbe sempre averne parecchie. Sono utili in ogni occasione, e sanno dare un tocco di eleganza praticamente sempre. Di jeans, di velluto, di flanella, di cotone leggerissimo, di lino. Ho quelle americane da cow boy e quelle da lavoro, quelle inglesi di cashmere, quelle canadesi da taglialegna, quelle africane da safari, perché, come il denim, anche la camicia è universale e ha le sue innumerevoli interpretazioni... Ma il mio colore preferito per le camicie è l'azzurro: tinta unita e a righe larghe e strette, a quadretti.

Le mie camicie devono comunque essere molto leggere, anche d'inverno, e se fa molto freddo indosso sopra una giacca quattocento grammi, quasi un cappotto. Ogni tanto uso anche le camicie boxer (un pezzo unico con le mutande). Le prendo da Finollo che le fa dagli anni Settanta.

LE T-SHIRT

Ne ho a palate, di tutti i tipi e colori, con e senza scritte. Le metto molto, soprattutto nel weekend. La T-shirt è un pezzo dell'abbigliamento molto importante, è il modo più immediato per comunicare con gli altri al di là dell'eleganza e dello stile. Con una T-shirt puoi sdrammatizzare una situazione, un completo, ma soprattutto puoi parlare. Se è vero che si è ciò che si indossa, la T-shirt dimostra questo principio. Una frase ironica, una causa per cui ti batti, un marchio o un simbolo in bella vista sulla T-shirt valgono spesso più di mille parole e riempiono le pagine dei giornali più di altre dichiarazioni. Indossare dunque con cura e con molta consapevolezza, soprattutto sotto i riflettori.

LE TUTE DA GINNASTICA

Le uso anche per uscire normalmente. Ho tutte quelle di Jeremy Scott perché mi è simpatico lui. Altri marchi? Free City, Adidas, Nike Pro. Ma la mia preferenza va a quelle giapponesi.

Poi, le tute necessarie per fare sport. Ne faccio tanto, mi alleno tutti i giorni: addominali, una corsa al parco, pilates. Faccio mezz'ora di sauna la sera perché mi rilassa. È un calmante naturale, una delle poche cose che mi mette a tacere.

NY
nets
I DON'T
ELIEV
SCIEN
ONLY
NO
CTURE

GIUBBOTTI E CAPPOTTI

Li indosso poco: ho sempre caldo e mi dà fastidio avere tante cose addosso, mi irritano. Se fa molto freddo ho i cappotti del nonno e qualcosa che mi sono fatto fare dai sarti italiani e inglesi, con e senza martingala. Oppure i piumini giapponesi o quelli di Italia Independent. Li uso per sciare, anche se sono leggeri: non mi piace sembrare Bibendum in pista. Comunque uso più volentieri il *pea coat,* mi sembra più pratico, soprattutto quando sono in moto: ne ho di fatti su misura, altri comprati ai mercatini militari. Ogni tanto metto un giubbotto: biker di ogni genere, di pelle vintage, Schott e Avirex, vecchi e nuovi. Possiedo anche una Dubon, la giacca dell'esercito militare israeliano.

LE CRAVATTE

Porto spesso la cravatta. Di maglia, di seta. Con i pattern larghi, con i pois. Non amo le fantasie piccoline, le lascio ai banchieri. A volte, con lo smoking, metto il papillon blu, nero, marrone, nocciola: già fatto non mi piace, anche se non sono bravo a farmi il nodo ci arrivo, seguendo le regole scritte. Mai però un nodo finto o posticcio.

LE SCIARPE

Molti le portano con un tale snobismo: a me le sciarpe danno fastidio, le trovo scomodissime, lasciano i peli, tengono troppo caldo. Quindi le metto poco e poco volentieri. Me ne sono fatte fare alcune di maglia come le cravatte, e queste sì sono molto comode. Oppure uso come sciarpe le stoffe dei tweed strappate. Comunque se devo coprire il collo preferisco mettermi un collo alto.

AVIATION
GASOLINE

IL PIGIAMA E LA VESTAGLIA

Il pigiama non lo uso mai: dormo nudo, anche d'inverno. Detesto avere caldo, spengo sempre il riscaldamento (apro anche la finestra ogni tanto) e d'estate sto con l'aria condizionata a manetta. Il caldo mi fa dormire male, lavorare male, ragionare male. Di vestaglie ne ho un paio, di quelle inglesi. Ma preferisco i kimono giapponesi o le vestaglie cinesi di raso, quelle con i dragoni, mi stanno meglio.

L'OROLOGIO

Non lo porto mai. Ne avevo tantissimi e li ho regalati a mio fratello, alle fidanzate. Ne ho qualcuno di plastica. Ogni tanto al polso porto vecchi bracciali di Tiffany, eredità di un amico. E una collana di mio zio Edoardo.

I GEMELLI

Li uso solo in certi contesti. Ne ho di molto belli e raffinati, di eccessivi e spudorati, anche con diamanti: me li ha regalati un gioielliere dei rapper americani, li ho messi solo una volta, per cortesia.

LE CALZE

Blu, con la bandiera italiana e il mio nome, ma anche di tutti i colori, inglesi e italiane. Orrende quelle corte con l'abito: solo lunghe. Mai calze bianche con gli abiti, piuttosto il mocassino a piede nudo.

LE CINTURE

Non le metto mai con gli abiti: non porto pantaloni classici con i passanti. Le uso con i jeans e i pantaloni di velluto: di cuoio e tessuto, con la fibbia di carbonio, vintage. Per viaggiare la più intelligente è la cintura Buckless di I-I, senza fibbia: passi lo scanner all'aeroporto e non la devi togliere. Mi piacciono le bretelle: in Italia sono sparite ma a Londra tutti le usano. Io preferisco quelle larghe, le strette sono da modaiolo. Con i bottoni, all'inglese. Ma anche a pinza.

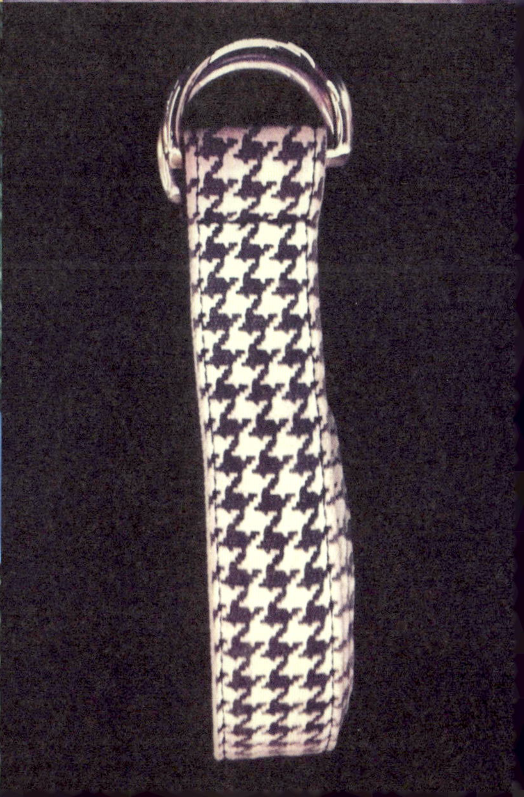

GLI OCCHIALI

La mia passione per gli occhiali è nata ai tempi dell'università a Londra. Andavo da Cutler and Gross nel reparto vintage e ne compravo di bellissimi. Adoravo guardarli, toccarli. E provarli. Li ho ancora chiusi in una cassettiera piena zeppa. E li ho usati come ispirazione per i miei di Italia Independent. Ora metto solo quelli: di titanio, floccati, termosensibili. Da sole. E, pur se ci vedo benissimo, ogni tanto li porto anche con le lenti trasparenti.

IL FAZZOLETTO DA TASCHINO

Soprattutto bianco, con i bordi colorati, di seta e di cotone. Mi capita di usarlo anche per soffiarmi il naso.

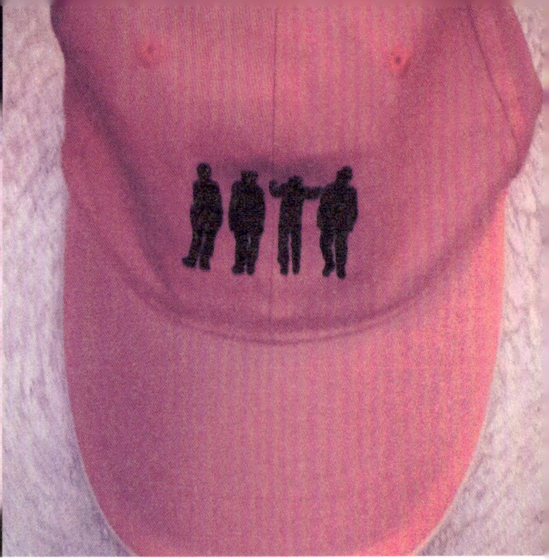

I CAPPELLI

Quando avevo i capelli lunghi, il cappello lo portavo molto spesso, ora con i capelli corti molto meno. Ho una collezione di Borsalino, abbiamo collaborato con loro con Italia Independent. Posseggo Panama, berretti da baseball e di lana di tutti i colori.

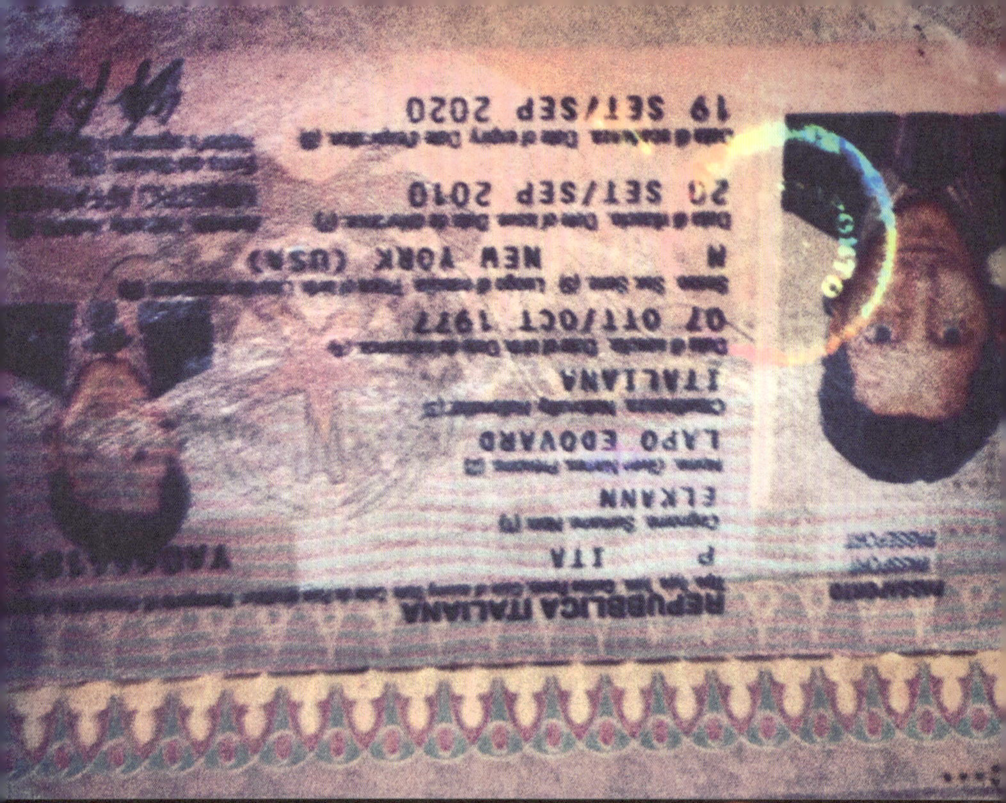
REPUBLICA ITALIANA
P
ITA
ELKANN
LAPO EDOVARD
ITALIANA
07 OTT/OCT 1977
M
NEW YORK (USA)
20 SET/SEP 2010
19 SET/SEP 2020

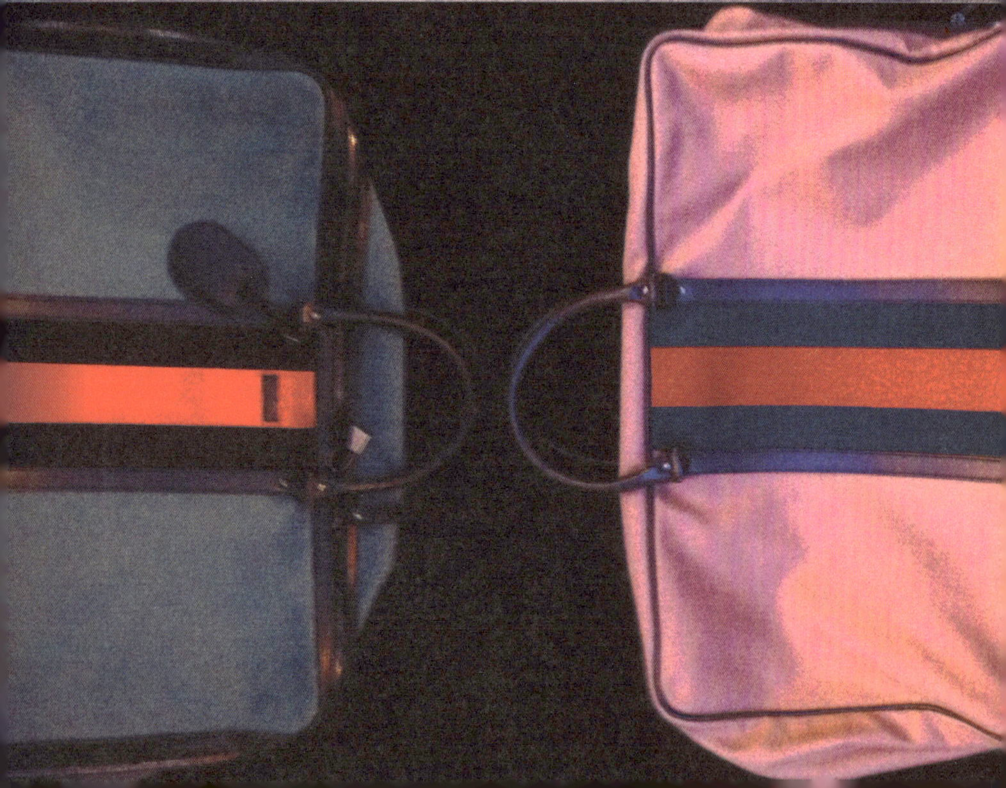

LE VALIGIE

Viaggiando molto, le uso enormemente. Ho bellissime borse di Gucci: una serie color verde militare e le classiche con la fascia verde e rossa. Ne ho di ipertecnologiche: in carbonio di Italia Independent e quelle d'alluminio di Zero Halliburton (ci ho fatto mettere una riga bianca e nera centrale così in aeroporto non le confondo). Da Prada mi sono fatto fare un set color blu Bugatti. Quando viaggio leggero, ho le sacche di Hervé Chapelier o una Eastpak con le palme. Tutti i giorni uso una 24 ore di Gucci, senza logo, in vitello martellato con la fibbia in acciaio anodizzato e la scritta Laps. Sono affezionatissimo a un'altra 24 ore azzurra di Hermès che ho da sempre, regalo di mio padre. Il mio portabiti è bianco e nero.

IN TASCA

La carta di credito, le chiavi della macchina e il passaporto. Soprattutto il passaporto, l'ho sempre con me, nel caso decida di fuggire. Averlo in tasca mi dà un senso di sicurezza e di libertà. Una cosa che mi porto dietro fin da bambino: ho imparato che è meglio avere una via d'uscita. Poi l'accendino, Bic, da cui mi sono fatto fare gli usa e getta personalizzati con la scritta Laps. Fumo Marlboro rosse: lunghe a casa, corte in ufficio.

THE ONE

LE SCARPE

Meritano un capitolo a sé. Le scarpe sono sempre state un mio feticcio: le prime per cui sono impazzito erano le inglesi Start-Rite, viste in una campagna pubblicitaria con due bambini col basco a pompon. A Parigi le vendeva Bonpoint. Sulle scarpe sono sempre stato un po' rompiscatole: quando tutti volevano i lacci, io volevo gli stretch, quando tutti volevano gli stretch, io volevo i lacci. Mi piacciono troppo e voglio averle diverse dagli altri. Per questo, quando posso, me le faccio fare su misura.

Le scarpe mi divertono, e mi diverte cambiare i lacci che non sono un particolare da trascurare (li compro in un negozietto di Firenze). A pensarci bene, le scarpe, come le auto e le moto, sono un simbolo del movimento, della velocità. Ne ho di tutti tipi, classiche e assurde: ne ho di John Lobb, di Moretti, di Marini, di Fasciani, di Berluti. Ho le Toms (le usano Bono, Brad Pitt e tutti i divi di Hollywood e i cinquanta dollari di spesa vanno in beneficenza), mi piacciono le scarpe da aikido e le Native (vero sport design a trenta dollari). Per dieci anni ho messo tantissimo le *slippers*. Ora che le usano tutti le porto un po' meno. Ne ho di ironiche: zebrate, tigrate, azzurre, blu, verdi, bianche, rosse, marroni con claim stampati, con e senza i pompon, di velluto, di tela, di cuoio e di coccodrillo.

Metto spesso anche gli stivali, dai biker ai cow boy fatti su misura, da cavallo o di montone giapponesi, dai Chippewa vintage comprati a Notting Hill agli stivaletti fatti a ghetta. Ma la mia fissa sono le scarpe da ginnastica: Vans, Puma, Adidas, Converse, Asics, Pony e, ovviamente, Nike perché ci lavorano degli amici ed è sponsor della Juve. Ho una collezione di Air Jordan e per anni mi sono fatto fare Nike personalizzate di ogni genere, ho anche quelle dello studio 54 (le originali sono del 1978). Qualsiasi cosa mi venga in mente me lo faccio stampare sulle sneakers: lo squalo, la bandiera italiana, la Juve, la scritta "Forza Ferrari". Le metto molto nel weekend, pochissimo per andare a lavorare perché in Italia è considerato poco serio (in America sono molto più easy). Non metterei mai le infradito, anche se ho conosciuto il proprietario di Havaianas che è un genio e ho rispetto per il suo business. D'estate sto a piedi nudi oppure metto Car Shoe, espadrilles o vecchie scarpe rovinate che porto come pantofole, col tallone schiacciato.

GUARDAROBA

BEAUTY

Voglio prendermi cura di me: amare se stessi vuol dire saper amare. Poi è inutile negarlo: mi piace piacermi. Quando mi guardo allo specchio lo faccio senza aver paura: so chi sono e come sono. Ciò che preferisco di me? Il sorriso e lo sguardo. Io la vita la mangio con gli occhi e sorridere è essenziale e non costa niente anzi, dà energia a te e agli altri. Come prodotti uso una crema per gli occhi se sono stanco, un idratante sempre, e poco profumo, mai lo stesso. Ho una vera mania per i capelli: cambio spesso taglio perché mi piace mettermi in discussione.

Il mio parrucchiere è Valentino Perini che di me dice: "Ci siamo conosciuti sul set degli shooting per giornali come l'Uomo Vogue e Wallpaper. Da qualche anno sono io che gli taglio i capelli. All'inizio li portava lunghi, poi siamo passati a una mezza misura con il ciuffo e ora sono corti. Lo vedo ogni quindici giorni e sono l'unico cui permette di mettere le mani in testa. Le prime volte non si fidava ora, invece, siamo amici. Lapo è una persona onesta, low profile, molto easy ma quando si tratta d'immagine, la sua, è attentissimo. Vanesio? Un po', direi perfezionista".

LUO

GHI

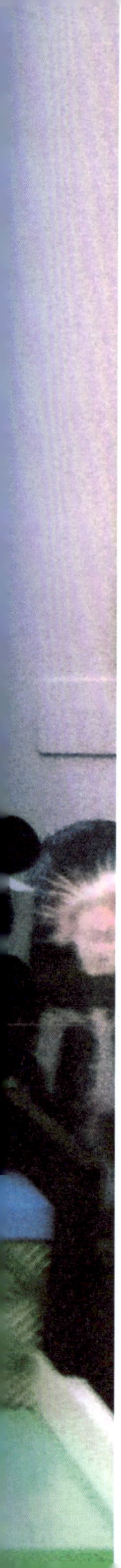

Sono nato a New York... Ho vissuto a Rio de Janeiro, a Parigi, a Londra, a Milano. Un po' ovunque direi. Sarà anche per questo che tengo sempre il passaporto in tasca perché so che da un momento all'altro potrei partire e questo, in fondo, mi piace.

Viaggio per conoscere e per divertirmi, per imparare e per ritemprarmi. Viaggio perché muoversi è una delle mie caratteristiche cui non potrei mai rinunciare.

E viaggio molto anche per lavoro: Tokyo, Shanghai, Los Angeles, Mumbai, San Paolo, Mosca, Miami... Passo dalle metropoli e megalopoli – che sono casino, fervore, dinamismo, velocità, idee, spunti, incontri – alla provincia, cittadine piccole e accoglienti, meno dispersive, posti che mi danno serenità, concentrazione e grande cucina: i tagliolini del Montana a Maranello sono sempre una delle gioie nell'andare a casa Ferrari.

E pensare che da bambino soffrivo il mal d'auto, il mal d'aereo e il mal di mare.

Non ho legami indissolubili con una particolare città o una casa: nessuna casa in cui ho vissuto vale le sensazioni che ho provato al suo interno. I legami li riservo alle persone e il risultato è che ho amici in ogni continente. Detto questo ci sono angoli di mondo che conosco molto bene e ai quali sono affezionato. Aereo compreso, che in fondo è nessun posto e insieme tutti i posti del mondo. È il movimento, essere sospesi tra un luogo e l'altro. È uno dei pochi momenti in cui ho il cellulare spento, non devo pensare a niente, sono in viaggio con me stesso, adagiato in una culla tra le nuvole e il silenzio.

Le musée de la maison
Le musée des jardins
Emozioni dall'Italia
Il y a un siècle... Les plus beaux yachts du monde
Intérieurs de Londres
SOUS LA DIRECTION DE ANGELIKA TASCHEN
Contemporary History of Garden Design

MICHAEL MANN
Racconigi, il palazzo, il giardino, l'inverno
PHILLIPS
CONTEMPORARY ART PART I
NEW YORK
PHILLIPS
CONTEMPORARY ART PART II
NEW YORK
PHOTOGRAPHS

LE PAROLE

Parlo cinque lingue. Il francese perché ho sempre frequentato scuole francesi e perché è in parte la lingua di mio padre. L'inglese, che è perfetto perché è una lingua diretta, non perdi tempo, vai immediatamente al punto. L'italiano perché è la lingua del mio Paese e di mia madre, e anche se mi hanno dato quattro Tapiri a causa dei miei congiuntivi creativi, con il tempo lo sto migliorando. Poi lo spagnolo e il brasiliano. Conosco qualche parola in russo perché il marito di mia madre ha origini russe e da piccolo qualcosa ho imparato. Anche questo mi fa sentire un po' a casa ovunque, poter capire i suoni e lo spirito di un posto sentendo parlare e riconoscendo le sfumature di ogni discorso.

Mi prendono in giro perché parlo mescolando le lingue. Pazienza.

Ecco le mie parole preferite:
In brasiliano *saudade*
in francese *émotion* (anche *passion*)
in inglese *action*
in spagnolo *caliente*
in italiano *vita.*

Il cambiamento fa parte della mia vita, fin da bambino. La mia famiglia ha avuto anni di nomadismo, diciamo che sono allenato a mollare tutto qui e a ricominciare di nuovo là. Non mi spaventa l'idea e anzi in qualche modo la vivo come una possibilità sempre aperta. Questo mi ha aiutato a essere più veloce nel ricostruire e a saper affrontare i mutamenti senza drammi. Ed è un bene perché a volte stare comodamente immobili nella propria quotidianità non ci fa capire che un cambiamento potrebbe migliorare la nostra vita.

Come faccio? Diciamo che mi tengo in equilibrio su un *disequilibrio assoluto*.

If
rest,
rust.

you
you

SUPERGA

ISRAELE

Nel 2008, nella sede delle Nazioni Unite a New York, ho ricevuto la carica di "Global Special Ambassador", ambasciatore di buona volontà, dell'ospedale Tel Hashomer di Tel Aviv. Che, concretamente, significa raccogliere fondi e ideare e portare a compimento mille piccoli importantissimi progetti: per esempio la costruzione di un campo dove i bambini possano giocare a calcio a fini terapeutici.

Ci vado spesso. È l'unico ospedale che accoglie ebrei e musulmani, cura indistintamente dalla religione. Mio padre è ebreo e molti dei miei amici sono israeliani e palestinesi: il mio lato ebraico è una parte di me che ho voluto approfondire e Israele mi interessa e mi incuriosisce. Ci vive gente di tutte le culture e di tutte le razze. Gente forte che soffre, che vive in un contesto duro ma che ha voglia di cambiare le cose e fare la differenza.

In Israele c'è una parte di me, ci sono le mie radici. Non ho mai fatto nulla per queste radici: penso ai miei nonni paterni, Carla Ovazza e Jean-Paul Elkann. Ora tocca a me, fare e non solo guardare.

L.A.

L'AMERICA, NEW YORK

Ci sono nato, come mio fratello e, prima di noi, nostro padre. La conosco bene. Ci ho vissuto a più riprese per lunghi periodi. Forse ci tornerò, in fondo la amo, è una città che accoglie e non giudica. Ma il suo fervore creativo non è più quello, si è imborghesita: la sua cruda realtà era il suo fascino. Oggi preferisco la durezza di Israele a quella di New York, che alla fine è un inutile cinismo. A New York c'è una cattiveria fine a se stessa, oserei dire stupida. È figlia della competitività. La verità è che la Grande Mela non è più così grande perché oggi le capitali del mondo sono Hong Kong, Shanghai, Pechino.

LOS ANGELES

La amo molto perché vi ho trascorso momenti meravigliosi. È un luogo intenso e creativo, che mi dà equilibrio. Sei in contatto fisico con il mare, puoi fare surf quando vuoi. E mi piace anche perché è una città che vive in auto: adoro guidare la macchina per ore per andare agli appuntamenti. Inoltre a LA abitano mio cugino Alex von Fürstenberg, che è come un fratello, sua sorella Tatiana e molte persone a me care. Certo ha il suo lato negativo: è molto falsa, popolata di tantissimi "want to be", persone che vogliono essere più che essere veramente. Io preferisco chi fa davvero e non chi fa finta di costruire.

L'ASIA

Mi trovo benissimo con gli orientali, amo la loro visione delle cose, la loro pacatezza, la loro cultura, il loro stile, la loro cucina, amo ascoltarli e imparare. Mi piace il modo in cui si sanno rilassare. E per questo li invidio. Tanto per farvi capire, mi sono fatto tatuare alcuni ideogrammi cinesi e giapponesi. Perché sono letteralmente pazzo del Giappone. La sua cultura del bello, dello stile, del lavoro, della ricerca, dello sviluppo, della creatività. Da qui arrivano maestri dell'architettura, del design, della moda dai quali ho preso tantissimo: lo staff di Undercover, Tadao Ando, Murakami, Yohji Yamamoto, Comme des Garçons, Junya Watanabe. La Corea è una fucina di idee e in Cina ho moltissimi amici come il regista Alexi Tan e l'imprenditore David Tang, quello di Shanghai. Preferisco Pechino perché è più vera di Shanghai, che è magnifica ma troppo europea.

INDIA

Quando dicono che è il Paese dei contrasti hanno ragione. La amo e la odio. Bellezza, cultura e storia sono magnifiche ma c'è una povertà che ti spezza il cuore, soprattutto se si pensa al contrasto stridente di gente ricchissima che vive in palazzi giganteschi. È difficile vivere bene in un posto così. Però qui ho avuto l'opportunità di conoscere gente interessantissima che lavora nei settori più disparati: l'arte, le auto, il design, la tecnologia, anche la spiritualità.

BRASILE

È un Paese che mi fa battere il cuore, è il luogo che mi ricorda gli anni più belli della mia infanzia, i più disinvolti e leggeri. Ho vissuto a Rio tra i cinque e gli undici anni ma andavamo anche anche a Salvador de Bahia, a Buzios (spiagge pazzesche), Teresopolis, Florianopolis, Paraty, Manaus... In Brasile ci sono tornato molte volte per lavoro, soprattutto a San Paolo e a Brasilia (molti dicono che è bruttissima, io la trovo pazzesca da un punto di vista architettonico: vogliamo parlare di Oscar Niemeyer?): mi ci trovo bene per l'energia creativa. È un Paese meraviglioso, ti dà linfa vitale: il sole, la spiaggia e il mare danno la carica, qui c'è passione verso la vita che non si trova in altri Paesi del mondo. C'è un'allegria che direi di strada. E poi parlo la lingua, capisco tutto (la cultura e il modus operandi). E il calcio? Per chi è fanatico come me c'è il Maracana, lo stadio più importante del mondo. E la natura? Anche quella delle persone, di tante razze diverse, gente stravagante, eccentrica, curiosa, interessante. Il Brasile è poesia. E stile. Qui hanno inventato un modo tutto loro di giocare a calcio, di suonare la musica, di ballare, di stare in spiaggia, di fare surf, di festeggiare il Carnevale. Qui hanno avuto idee semplici con cui hanno fatto grandi fatturati (basti pensare alle ciabattine di gomma Havaianas e alle scarpe di plastica Melissa).

AUSTRALIA

Un posto incredibile per gli spazi grandissimi, la possibilità di andare in barca a vela tutti i giorni, la gente che ama lo sport: gli australiani sono molto fisici, molto diretti, non te le mandano a dire. Sono "real and rough", duri e puri.

1er
BOULEVARD
DE LA
ADELEINE
3
1

PARIGI

Per anni la mia base è stata a Parigi, l'Italia era la mia seconda casa. I miei migliori amici sono francesi e quando parlo mescolo le lingue. Ho sangue francese.

Ci sono sempre tornato spesso, ora un po' meno: ho brutti ricordi. Di Parigi amo l'eleganza e l'estetica tutta francese. Ma resta fastidioso il complesso di superiorità di cui soffrono i parigini. E ci credono davvero, ti guardano sempre dall'alto in basso. Non tornerei a viverci perché la trovo piccola. È, come Roma, una "ville musée", città museo meravigliose per ispirarti, complesse da un punto di vista costruttivo perché hai un sacco di vincoli. Sei in un contesto così bello che diventa complicato lavorarci. Sono maestose e importanti perché lo erano nel passato. Sono città che hanno difficoltà ad accettare la modernità perché si considerano ancora le Città con la maiuscola: Parigi è la "ville lumière" e Roma "caput mundi". Ma "beauty is not enough", la bellezza non basta. E il loro percorso costruttivo è vincolato alla loro eterna bellezza. Io non sono pronto per questo, non sono ancora arrivato a una creatività così serena. Forse a cinquant'anni lo accetterò, ma ora sono in una fase evolutiva dove ho ancora voglio di fare grandi cambiamenti, delle rivoluzioni. E mi si dica pure che sono un provocatore. Purché per provocare s'intenda rompere per fare cose belle e intelligenti. L'Europa ha uno stile, un imprinting fortissimo. Dovrebbe avere anche la consapevolezza di capire che gli elementi di forza di ogni stato possano essere anelli di una lunga catena. Da un punto di vista creativo e costruttivo l'Europa oggi ha ancora da vendere un'energia artistica e culturale, di stile, superiore a qualsiasi altro luogo del mondo.
Le diversità devono diventare la forza dell'unione.

ITALIA

Lo considero il mio Paese anche se non ci sono nato. Oserei dire che sono patriottico. Torino è diventata stupenda. Roma è lì da vedere, bella spudorata, ma non ci vivrei. Vado spesso a Firenze – mi dà tranquillità – e a Bologna – mi ricorda anni belli – per lavoro, amo Napoli – allegra, difficile, meravigliosa, creativa – e Palermo – si mangia divinamente e c'è un mare spettacolare che ti fa bene. Milano è congeniale alla mia professione, per come vivo ora è perfetta, ma contesto la finta efficacia milanese.

Vorrei veder riconosciuto l'enorme capitale artistico e culturale italiano, un tesoro non ancora del tutto sfruttato come merita e che domani potrebbe produrre incredibili soddisfazioni, morali ed economiche. Fino a poco tempo fa la cultura imperante era quella dell'accentramento e del protagonismo. Oggi il mondo è incredibilmente più complesso, internazionale, cosmopolita, rapido e l'Italia può mettersi al passo.

Oggi le realtà vincenti sono le piccole imprese italiane a impostazione artigianale, non le grandi.

LA CASA

La mia casa mi somiglia. Potrebbe sembrare tutto confuso e caotico, invece è tutto molto chiaro. La mattina, per vestirmi, ci metto tre minuti. So esattamente dov'è tutto e trovo tutto: anche se non sembra, sono molto ordinato.

Io ci sto bene e so che se io mi sento bene a casa mia anche gli ospiti si sentono a loro agio.

È una casa che ha "un senso senza senso", è eccessiva, allegra.

Quando ritorno dai miei viaggi apro la porta e trovo buonumore, energia, calore, anche se tengo il riscaldamento spento e l'aria condizionata a manetta!

L'arredamento è una stratificazione di oggetti che ho comprato ovunque nel mondo. Alcuni sono nuovi, altri li ho portati qui da Parigi o da New York. Avevo una casa a New York, Downtown, a Solita (South of Nolita): un grande cubo di vetro in cima a un building, sette enormi finestre per lato, un open space gigantesco con tanta luce che entrava da tutte le parti. Non ci avevo messo le tende, sembrava di stare nel cielo. Se dovessi tornare a New York mi piacerebbe abitare Uptown, all'ultimo piano di un grattacielo o in una baby townhouse. Ho vissuto a Parigi (nel Sesto e nel Settimo) e a Londra (a Notting Hill). Ora sto a Milano, in Ticinese: la città vera, con gente vera. Amo vivere dove le cose succedono, perché solo così si capiscono le cose.

Di tanto in tanto mi piacerebbe cambiare, solo per il gusto di farlo, di riprogettare dei nuovi spazi. Sono convinto che potrei abitare tranquillamente in una casa più piccola, più semplice.

Sogno casa

una
vuota.

GLI UFFICI, I NEGOZI

L'ufficio è un luogo dove penso e cerco di mettere sui binari i progetti, le idee e i sogni che voglio realizzare con le mie aziende. È una seconda casa tanto quanto la mia casa è un secondo ufficio. Per questo l'ho arredato con tutto quello che mi fa stare bene: le palme, la foto di mio nonno e di mio zio Edoardo, la foto del mio migliore amico Thomas, la foto mia e di mio fratello, la 500, la Juve, la tuta di Alonso...

Ma esiste anche un "mobile office" quando giro il mondo: è la mia ventiquattr'ore che mi permette di lavorare in una saletta dell'aeroporto, su un sedile del treno, in una stanza d'albergo, in auto e in taxi.

TOCC

D

PRE

S

I
GA
I
ARE

(cartello all'ingresso dello spazio
di Italia Independent a Milano)

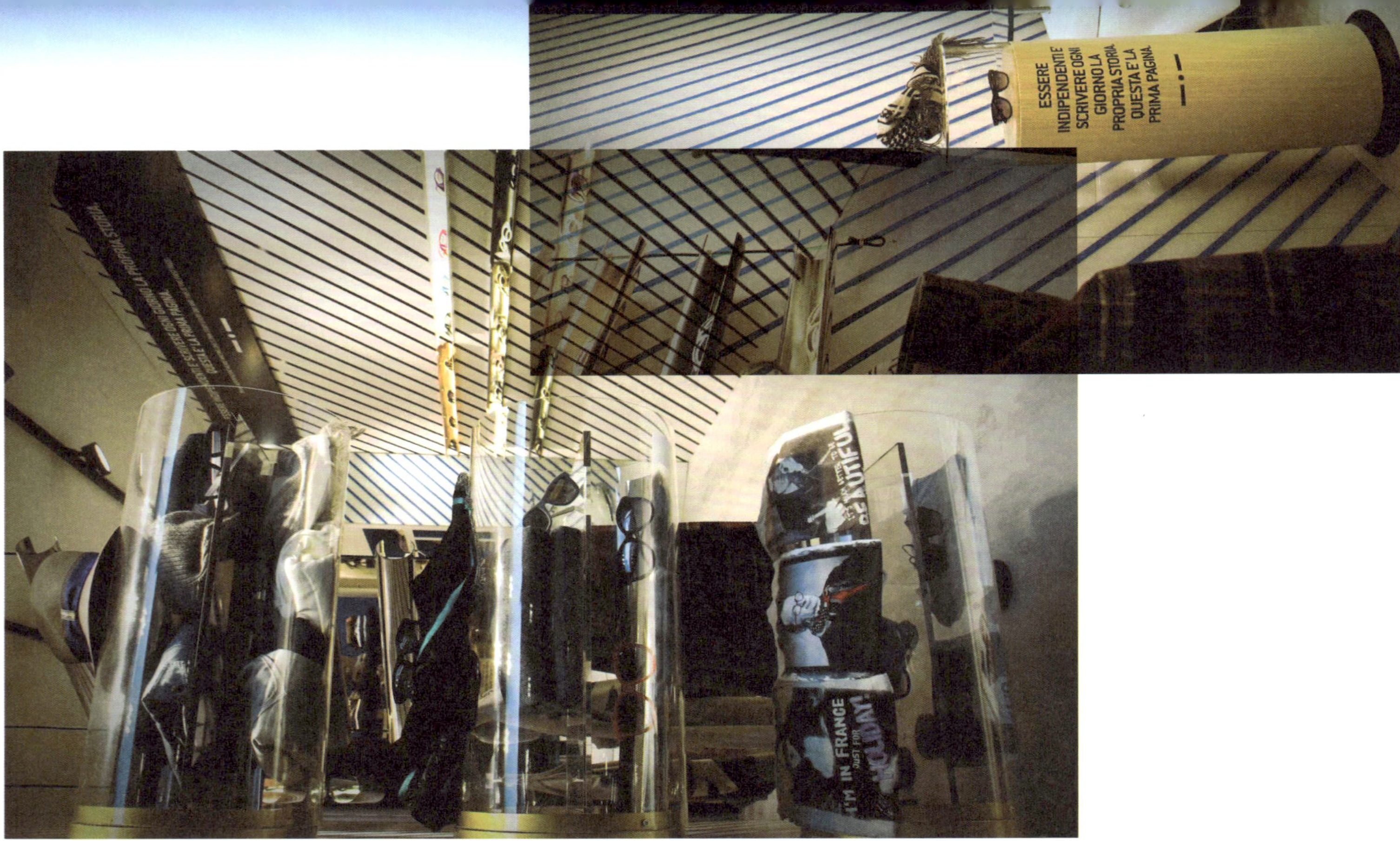
ESSERE
INDIPENDENTI E
SCRIVERE OGNI
GIORNO LA
PROPRIA STORIA.
QUESTA E' LA
PRIMA PAGINA.
I'M IN FRANCE
JUST FOR
HOLIDAY!

LAS

FIDA

La gente ride quando parlo di gavetta. Certo, sono un privilegiato, ma il privilegio voglio meritarlo, non farmelo regalare. Ho iniziato alla Piaggio. Due mesi in linea 2, ammortizzatori e cavalletti per la Vespa 50. Poi sono partito militare: alpino semplice a Belluno, Cuneo e Busson. Non era un vantaggio essere chi sono perché stavo sulle scatole a un sacco di persone. Poi sono stato in Ferrari (licensing merchandising e marketing prodotto), in Maserati (commerciale e marketing), ho lavorato con Kissinger (assistente), in Danone (marketing per prodotti dietetici), in una banca d'affari e in Fiat. Queste esperienze mi permettono di avere una visione molto aperta e di non farmi esplodere il cervello quando mi devo occupare di cose diversissime fra di loro.

Per Italia Independent siamo partiti da un pezzo di carta bianca. E abbiamo creato un'azienda, o meglio, una filosofia di vita. Ho cercato di mantenere ciò che mi sono prefissato: voglio aiutare l'Italia e i giovani, e lo sto facendo. È importante che le parole diventino realtà. E ci vuole una sola cosa: la passione. Se sei una persona sensibile, senti le cose più degli altri e le patisci più degli altri. Le sensazioni sono più forti, più belle, ma anche più dolorose.

Mi sono messo a fare l'imprenditore per una sfida con me stesso da un punto di vista professionale e anche con il mondo da cui provengo. Voglio dimostrare che con poco si può fare tanto. E mettere a tacere chi pensa che l'attività imprenditoriale e creativa sia un gioco. Sono un imprenditore creativo e quando lavoro, lavoro seriamente. Siamo solo agli inizi, ma tanto è stato fatto in termini di crescita di prodotti e di persone con le quali condivido obiettivi comuni. Lavoro tantissimo, mi piace quello che faccio. Non andare a lavorare sarebbe per me una morte lenta. Il che non vuol dire che non abbia altri interessi. Anzi, per fare bene il mio lavoro ho bisogno di coltivare conoscenze e conoscenza perché mi portano la creatività e l'energia che mi migliorano. Sono una persona molto disciplinata sul lavoro, ho una visione chiara e coerente di quello che devo fare. Dopo aver affrontato più sfide, ho deciso di creare una realtà mia dove il clima, la voglia, il fervore, l'atteggiamento, l'attitudine, il portamento e il comportamento corrispondono a un mio sogno e non a quello del nonno di mio nonno. Con tutto il rispetto verso un uomo che era un genio e ha realizzato un sogno impossibile: il mio, al suo confronto, è niente. Ma sognare ti permette di trasmettere energia su quello che vuoi fare. Perché il sogno è bello solo se lo realizzi. E se non ce la fai non lo devi buttare, ma metterlo in un cassetto per ripescarlo al momento giusto. Comunque il punto non è quanto grande una cosa è, ma quanta gioia e soddisfazione ti dà farla e pensarla quando ti alzi la mattina e quando vai a letto la sera. Se non c'è l'energia e una visione comune, se non ci credi veramente, allora è inutile sforzarsi.

All'inizio ho fatto un po' di tutto, anche cose che non mi piacevano, ma serve per crescere. Sono un'entusiasta, sono un combattivo. E sono fedele al mio credo. Sono convinto che nella vita uno si debba schierare. Ed eventualmente pagarne le conseguenze. Sono per un Paese democratico. Sono per il progresso. Vorrei un'Italia più unita perché credo nella coesione. Nel nostro piccolo facciamo gruppo perché è giusto lavorare con gli altri. Serve per imparare e vivere sereno. La cosa migliore che mi può capitare è conoscere gente più intelligente di me, con cui avere un confronto; la peggiore è essere accerchiato da cortigiani e yes men. Ci sono imprenditori più bravi di me allora voglio conoscerli, ci parlo e li ascolto. Ma non per questo devo fare come loro. Io non mollo. Sono come uno squalo, come un pitbull. Se credo in qualcosa lotto per arrivarci e per farcela. E di battaglie ce ne sono state tantissime. Anche in questo caso si può parlare di stile perché le battaglie le puoi affrontare con stile o con grettezza. È come affronti le ingiustizie, l'incoerenza, l'eccesso di crescita, il fallimento. Sono questioni che ho dovuto affrontare. Ho imparato la diplomazia – che mi piace – e mi sono scontrato con la politica – che ti fa perdere un sacco di tempo. E allora con stile dai uno scossone; senza arroganza fai sì che le cose accadano. Io ho voluto costruire le mie attività con delle persone a me vicine che stimo e rispetto. Ma so diventare molto freddo se serve. Nelle situazioni più difficili e tragiche la vita mi ha portato a doverlo essere, non avevo scelta.

Per me la vita è un cammino infinito, perché in realtà non si arriva mai da nessuna parte, si va avanti, sempre. È una ricerca continua per trovare la serenità e riuscire a fare le cose senza ferire agli altri. Competizione? Giustissimo. Voler battere i miei concorrenti? Giustissimo. Voler vincere? Giustissimo. Non gioco una partita per perdere, ma c'è modo e modo. E certi modi non mi piacciono. Se io ho 35 anni e ho la possibilità di far germogliare chi ne ha 25 e di dargli visibilità, è mio dovere farlo. Perché allora chi ha la possibilità di farlo non lo fa? Perché non vuole avere fastidi. Per non perdere il controllo. Per me questo vuol dire essere un mediocre, avere paura della competizione, del confronto e di se stessi. Io non ho scheletri nell'armadio: il buono, il bello, il cattivo, il mediocre... non c'è nulla che non sia stato detto o raccontato su di me. Per quel che mi riguarda credo che uno possa anche scivolare su una buccia

di banana ma quello che conta non è come cadi, ma come ti rialzi. Quando vieni colpito ti fa male e scatta la cattiveria. Se è costruttiva trasformi la caduta in qualcosa di positivo. E chi dice che basta un minuto per rimettersi in sesto, mente. Ci vuole il tempo per capire cosa ti è successo e per prendere la giusta direzione. Io sono per la velocità, lo dico sempre.
Ma a volte la corsa ti porta a non guardare e diventa una fuga. Io ho provato a fuggire: per insoddisfazioni, insofferenze, tristezze, perché non amavo. Oggi non fuggo più, da niente.

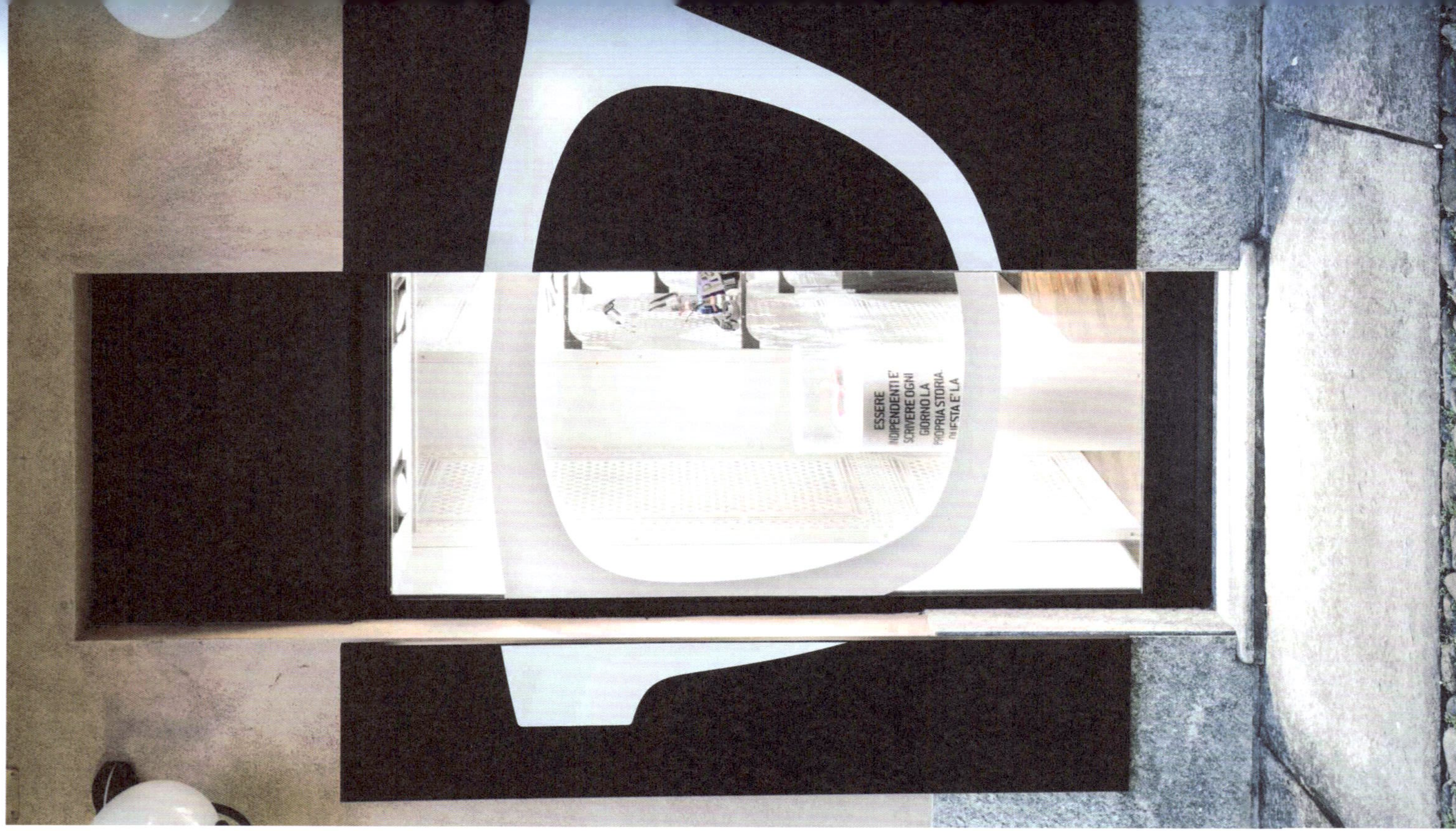
ESSERE
INDIPENDENTI E'
SCRIVERE OGNI
GIORNO LA
PROPRIA STORIA.

italia independent

Secondo voi perché il casco di Italia Independent si chiama Creativity Protection?

LA CREATIVITÀ...

Creatività è pensare e fare. Elaborare l'idea e costruirla. La fatica dell'elaborazione e l'esaltazione della realizzazione. Quando sento qualcuno parlare di creatività come se fosse qualcosa di astratto e fumoso mi viene voglia di arrabbiarmi. Sono arroganti, presuntuosi, guardano ai creativi con supponenza. Credono che la creatività sia la scusa di pochi fortunati che non hanno voglia di lavorare o che sia la bugia di molti per vendere il nulla. Al contrario la creatività è quel qualcosa in più che consente a un'idea e all'energia usata per realizzarla di avere un valore unico che si traduce in un prodotto da vendere al giusto prezzo. Perché il succo di tutta la faccenda è che troppo spesso la creatività è sottovalutata. Di conseguenza sottostimata e sottopagata. Invece quando ci lavori con la creatività sei sotto pressione, ti esponi al giudizio degli altri. Non puoi barare: quello che fai è lì da vedere. E hai anche l'enorme responsabilità di inventarti cose belle e utili che migliorino la vita delle persone. Il punto di partenza fondamentale è rispettare gli altri, lavorare con loro e per loro. Crederci. Io mi considero un imprenditore creativo. Qualcuno direbbe disorganizzato, sbagliando. Oggi qualsiasi creativo che vuole guadagnare con le sue idee deve essere anche un uomo d'affari perché sarebbe un peccato sprecarla questa creatività. Per quel che mi riguarda può sembrare che faccia molte cose, anche troppe. In realtà sono molto organizzato, persino ordinato. Dietro a tutto ciò che faccio ci sono una logica, una visione, chiari obiettivi. Non faccio mai le cose tanto per farle. È che sono inventivo, lo sono di natura. Se non creo non mi diverto. E con ciò mi complico l'esistenza, ma non posso farne a meno.

...E LE ARAGOSTE DI PLASTICA

C'è un leitmotiv che negli ultimi anni caratterizza e accomuna tanto i discorsi degli economisti più eruditi quanto le chiacchierate da bar del più piccolo paese di periferia: la parola "crisi".

Ogni partito le attribuisce un'origine, dalla più semplice fino a un groviglio non dipanabile di variabili macroeconomiche. Sono finiti gli scintillanti anni '80 in cui sono nate tutte le principali griffes, sono passati gli anni '90 del consumismo (e durati troppo poco quelli del consumerismo, che tutela i diritti dei consumatori rispetto all'atteggiamento di produttori e distributori) per finire nei recenti del non-consumo o meglio del consumo consapevole. La parola "target" ha perso ormai di significato; i clienti non sono dei bersagli da colpire. Gli uomini di marketing hanno cominciato ad avere problemi di mercato, il bersaglio si sta trasformando in una mina vagante. Se fino a pochi anni fa poteva bastare appiccicare un marchio a un prodotto per generare differenziazione e guadagnarsi un "premium price" a prescindere da quale fosse il valore intrinseco delle cose, oggi questa strategia sta cominciando a pagare sempre meno. Si compra qualcosa innanzitutto perché deve assolvere a una funzione, con un determinato stile e soprattutto al giusto prezzo. In passato ben pochi tentavano di guardare quello che c'era dietro il prodotto; i punti vendita compravano perché c'era chi richiedeva un determinato tipo di brand, la qualità era una variabile secondaria. Marketing, comunicazione, immagine e posizionamento. La strategia principale era nel gonfiar la bolla, gonfiarla il più possibile stando attenti a non eccedere per non farla scoppiare. Noi siamo della scuola di coloro che a pranzo ordinano una buona fetta di salame; le aragoste di plastica le lasciamo a coloro che ancora vivono nel ricordo degli anni '80.

© I-I

IN CONGRESS, JULY 4, 1776.

A DECLARATION

BY THE REPRESENTATIVES OF THE

UNITED STATES OF AMERICA,

IN GENERAL CONGRESS ASSEMBLED.

WHEN in the Course of human Events, it becomes necessary for one People to dissolve the Political Bands which have connected them with another, and to assume among the Powers of the Earth, the separate and equal Station to which the Laws of Nature and of Nature's God entitle them, a decent Respect to the Opinions of Mankind requires that they should declare the causes which impel them to the Separation.

WE hold these Truths to be self-evident, that all Men are created equal, that they are endowed by their Creator with certain unalienable Rights, that among these are Life, Liberty, and the Pursuit of Happiness—That to secure these Rights, Governments are instituted among Men, deriving their just Powers from the Consent of the Governed, that whenever any Form of Government becomes destructive of these Ends, it is the Right of the People to alter or to abolish it, and to institute new Government, laying its Foundation on such Principles, and organizing its Powers in such Form, as to them shall seem most likely to effect their Safety and Happiness. Prudence, indeed, will dictate that Governments long established should not be changed for light and transient Causes; and accordingly all Experience hath shewn, that Mankind are more disposed to suffer, while Evils are sufferable, than to right themselves by abolishing the Forms to which they are accustomed. But when a long Train of Abuses and Usurpations, pursuing invariably the same Object, evinces a Design to reduce them under absolute Despotism, it is their Right, it is their Duty, to throw off such Government, and to provide new Guards for their future Security. Such has been the patient Sufferance of these Colonies; and such is now the Necessity which constrains them to alter their former Systems of Government. The History of the present King of Great-Britain is a History of repeated Injuries and Usurpations, all having in direct Object the Establishment of an absolute Tyranny over these States. To prove this, let Facts be submitted to a candid World.

HE has refused his Assent to Laws, the most wholesome and necessary for the public Good.

HE has forbidden his Governors to pass Laws of immediate and pressing Importance, unless suspended in their Operation till his Assent should be obtained; and when so suspended, he has utterly neglected to attend to them.

HE has refused to pass other Laws for the Accommodation of large Districts of People, unless those People would relinquish the Right of Representation in the Legislature, a Right inestimable to them, and formidable to Tyrants only.

HE has called together Legislative Bodies at Places unusual, uncomfortable, and distant from the Depository of their public Records, for the sole Purpose of fatiguing them into Compliance with his Measures.

HE has dissolved Representative Houses repeatedly, for opposing with manly Firmness his Invasions on the Rights of the People.

HE has refused for a long Time, after such Dissolutions, to cause others to be elected; whereby the Legislative Powers, incapable of Annihilation, have returned to the People at large for their exercise; the State remaining in the mean time exposed to all the Dangers of Invasion from without, and Convulsions within.

HE has endeavoured to prevent the Population of these States; for that Purpose obstructing the Laws for Naturalization of Foreigners; refusing to pass others to encourage their Migrations hither, and raising the Conditions of new Appropriations of Lands.

HE has obstructed the Administration of Justice, by refusing his Assent to Laws for establishing Judiciary Powers.

HE has made Judges dependent on his Will alone, for the Tenure of their Offices, and the Amount and Payment of their Salaries.

HE has erected a Multitude of new Offices, and sent hither Swarms of Officers to harrass our People, and eat out their Substance.

HE has kept among us, in Times of Peace, Standing Armies, without the consent of our Legislatures.

HE has affected to render the Military independent of and superior to the Civil Power.

HE has combined with others to subject us to a Jurisdiction foreign to our Constitution, and unacknowledged by our Laws; giving his Assent to their Acts of pretended Legislation:

FOR quartering large Bodies of Armed Troops among us:

FOR protecting them, by a mock Trial, from Punishment for any Murders which they should commit on the Inhabitants of these States:

FOR cutting off our Trade with all Parts of the World:

FOR imposing Taxes on us without our Consent:

FOR depriving us, in many Cases, of the Benefits of Trial by Jury:

FOR transporting us beyond Seas to be tried for pretended Offences:

FOR abolishing the free System of English Laws in a neighbouring Province, establishing therein an arbitrary Government, and enlarging its Boundaries, so as to render it at once an Example and fit Instrument for introducing the same absolute Rule into these Colonies:

FOR taking away our Charters, abolishing our most valuable Laws, and altering fundamentally the Forms of our Governments:

FOR suspending our own Legislatures, and declaring themselves invested with Power to legislate for us in all Cases whatsoever.

HE has abdicated Government here, by declaring us out of his Protection and waging War against us.

HE has plundered our Seas, ravaged our Coasts, burnt our Towns, and destroyed the Lives of our People.

HE is, at this Time, transporting large Armies of foreign Mercenaries to compleat the Works of Death, Desolation, and Tyranny, already begun with circumstances of Cruelty and Perfidy, scarcely paralleled in the most barbarous Ages, and totally unworthy the Head of a civilized Nation.

HE has constrained our fellow Citizens taken Captive on the high Seas to bear Arms against their Country, to become the Executioners of their Friends and Brethren, or to fall themselves by their Hands.

HE has excited domestic Insurrections amongst us, and has endeavoured to bring on the Inhabitants of our Frontiers, the merciless Indian Savages, whose known Rule of Warfare, is an undistinguished Destruction, of all Ages, Sexes and Conditions.

IN every stage of these Oppressions we have Petitioned for Redress in the most humble Terms: Our repeated Petitions have been answered only by repeated Injury. A Prince, whose Character is thus marked by every act which may define a Tyrant, is unfit to be the Ruler of a free People.

NOR have we been wanting in Attentions to our British Brethren. We have warned them from Time to Time of Attempts by their Legislature to extend an unwarrantable Jurisdiction over us. We have reminded them of the Circumstances of our Emigration and Settlement here. We have appealed to their native Justice and Magnanimity, and we have conjured them by the Ties of our common Kindred to disavow these Usurpations, which, would inevitably interrupt our Connections and Correspondence. They too have been deaf to the Voice of Justice and of Consanguinity. We must, therefore, acquiesce in the Necessity, which denounces our Separation, and hold them, as we hold the rest of Mankind, Enemies in War, in Peace, Friends.

WE, therefore, the Representatives of the UNITED STATES OF AMERICA, in GENERAL CONGRESS, Assembled, appealing to the Supreme Judge of the World for the Rectitude of our Intentions, do, in the Name, and by Authority of the good People of these Colonies, solemnly Publish and Declare, That these United Colonies are, and of Right ought to be, FREE AND INDEPENDENT STATES; that they are absolved from all Allegiance to the British Crown, and that all political Connection between them and the State of Great-Britain, is and ought to be totally dissolved; and that as FREE AND INDEPENDENT STATES, they have full Power to levy War, conclude Peace, contract Alliances, establish Commerce, and to do all other Acts and Things which INDEPENDENT STATES may of right do. And for the support of this Declaration, with a firm Reliance on the Protection of divine Providence, we mutually pledge to each other our Lives, our Fortunes, and our sacred Honor.

Signed by ORDER *and in* BEHALF *of the* CONGRESS,

JOHN HANCOCK, PRESIDENT.

ATTEST.
CHARLES THOMSON, SECRETARY.

PHILADELPHIA: PRINTED BY JOHN DUNLAP.

NATI IL 4 LUGLIO

Si parte da qui, da queste considerazioni fatte con due amici, Andrea e Giovanni. Con Andrea Tessitore, avvocato, ci conosciamo da più di vent'anni e con Giovanni Accongiagioco, esperto di marketing e non solo, abbiamo lavorato in Fiat. A un certo punto ci siamo chiesti: perché non fare qualcosa di nostro? E ho scoperto che è una fortuna lavorare con persone care. Che poi sono anche quelle giuste nel posto giusto. Perché per vincere la sfida contano le persone, eccome se contano. Nel nostro caso ci legano principi morali simili e ambizioni comuni, voglia di crescita personale e professionale. Con Andrea e Giovanni ci completiamo e facciamo un tutt'uno a 360°. E poi sono fra le poche persone di cui mi fido. Tutti pensano: c'è Lapo, sarà un successo. Il successo c'è se c'è una squadra all'altezza delle idee. Se non ci fosse la squadra probabilmente saremmo tutti e tre in linea di montaggio a costruire occhiali con addosso un camice o saremmo in auto col baule pieno di occhiali a cercare di venderli in giro per l'Italia. Perché quest'avventura parla di occhiali.

Tutto ha inizio il 4 luglio 2007, giorno dell'Indipendenza americana. Infatti ci chiamiamo Italia Independent. L'Italia, perché qui sono prodotti i nostri occhiali. E non solo: pensati, ideati, disegnati e creati qui. È questo, per noi, il vero made in Italy. Independent perché siamo persone indipendenti e ci siamo sganciati dai vecchi concetti.

Fin dall'inizio abbiamo sempre saputo che il mercato non ha più spazio e l'unico modo per farsi notare è cambiare le regole del gioco. Siamo partiti dall'osservazione delle icone classiche dello stile italiano, nel design e nell'abbigliamento: perfette, impossibile fare meglio. Allora abbiamo deciso di reinterpretarle. Ma non siamo partiti a caso. Abbiamo analizzato come fare un'impresa che fosse sostenibile nel tempo e abbiamo ritenuto che gli occhiali rappresentassero un'opportunità come

"core business" e marchio di successo. Così abbiamo creato attorno all'occhiale una serie di altre attività per permettere a Italia Independent di diventare un brand (gli occhiali si vendono solo se hanno un marchio conosciuto). E abbiamo rischiato. I primi occhiali Italia Independent costavano una follia, 1007 euro. Non è che non sapessimo di fare una cosa azzardata. E non eravamo pazzi: ci volevano otto ore, 47 strati di carbonio per costruirne un solo paio. Ma per lanciare un nuovo marchio bisogna che tutti ne parlino e ci vogliono molti soldi da spendere in pubblicità. Noi quei soldi non ce li avevamo e abbiamo tentato un'altra strada. Che ha funzionato. Sapevamo che ci sarebbero state delle polemiche, che i giornali ne avrebbero parlato, con curiosità o critiche. Infatti così è successo. Abbiamo avuto una copertura mediatica impressionante. Tutti hanno parlato di noi: Vogue, il Financial Times, l'Herald Tribune e quando Michele Serra sull'Espresso ci ha presi in giro abbiamo capito di avercela fatta, di aver raggiunto l'obiettivo: eravamo riusciti a comunicare che avremmo fatto oggetti unici, diversi da quelli degli altri.

Gli occhiali intelligenti, così si possono definire gli Italia Independent. Ci sono quelli di carbonio, quelli leggerissimi, quelli specchiati, quelli floccati (che sembrano di velluto), quelli termosensibili (cambiano colore e fantasia secondo la temperatura), quelli tailor made (scegli tu colori e materiali di stanghette, lenti e montatura).

INDEPENDENT
Lapo

IN UFFICIO SI DICE

GIOVANNI ACCONGIAGIOCO
Direttore generale di Italia Independent

Quando conosci un personaggio pubblico parti da una serie di assunti precostituiti che possono minare la reale percezione. La prima volta che ho incontrato Lapo mi è sembrato istrionico, vitale, energizzante e vitaminico ma con una visione chiara e razionale. A distanza di anni nulla è cambiato da quella prima impressione.

Da quel giorno Lapo per me è acronimo di:

Libero
Avventuroso
Passionale
Originale.

ANDREA TESSITORE
AD di LA Holding, presidente e AD di Italia Independent

Lavorare con qualcuno che conosci da così tanto tempo è una grandissima fortuna, ma devi riuscire ad avere un rispetto che va oltre all'amicizia. Noi abbiamo trovato l'equilibrio nell'amicizia e nella vita professionale, e sul lavoro ognuno di noi ha un ruolo preciso e quando sconfiniamo sappiamo rimetterci al nostro posto. Lapo sul lavoro è velocissimo nelle decisioni, molto disciplinato. E poter lavorare con lui è un vantaggio perché il suo nome esplode ovunque, genera interesse: tutti vogliono fare qualcosa con Lapo e l'azienda ha la visibilità di un grosso gruppo. È stancante, ma paga.

ALBERTO FUSIGNANI
AD di Independent Ideas

Lavorare con Lapo è complicato ma molto stimolante. Lapo è un marziano e ci vuole qualcuno che lo capisca, che razionalizzi la sua follia. Se cerchi di essere più folle di lui vai a sbattere contro un muro. Se provi a essere più creativo di lui non ce la puoi fare. Lapo ha sempre una visione. Magari parla per dieci minuti e poi dice una parola, esprime un concetto che se tu sposti, metti da un'altra parte e ci ragioni sono esattamente la chiave che stavi cercando. Una cosa assurda è che lui ti vede dentro e coglie quello che stai pensando. È sorprendente perché lo fa anche con chi non conosce. È molto rispettoso di tutti. Ed è molto amato da tutti. Lapo rompe le cose, e le cose si rimettono insieme. Riesce a vendere l'invendibile.

FLAVIO MANZONI
Direttore del Centro Stile Ferrari

Sono molto felice di lavorare con Lapo: mi ha cambiato la vita. Lapo ha un approccio molto innovativo, ha molte idee ma lascia fare il mestiere alle persone che lo sanno fare: è capace di delegare. E ti dimostra la gratitudine.

MICHELE VIGGIANO
Product manager di Italia Independent

Ho iniziato facendo uno stage a Italia Independent e qui ho avuto la possibilità di imparare tutto. Lapo è ormai un fratello maggiore: non tralascia il rapporto umano neanche sul lavoro. Da lui impari tantissimo, anche solo con una chiacchierata. Quando ti racconta di un viaggio hai da ragionarci poi per cinque notti di seguito.

ISPIR

INOIZV

Ho avuto la fortuna di conoscere il meglio e il peggio del mondo. Dalle persone più rispettate agli ossi più duri che ci sono sulla faccia della terra. Dai personaggi più celebri alle persone normali, dai divi alla gente che incontro per strada.

È interessante quello che puoi capire della gente: il loro valore non è dato dal peso economico o dal potere, ma dall'energia, dalla forza e dalla visione che sono stati in grado di trasmettermi nel nostro incontro. Quello che ho imparato da queste persone è "it's not enough", non è mai abbastanza. Il che è un bene ma anche un male. Ti spinge a lavorare su te stesso e su quello che fai, ma alimenta anche la tua voglia del "di più" che è un motore per migliorare, ma può portarti a essere cinico, addirittura crudele.

Voglio sottolineare con cinque righe che le persone importanti per me sono i miei amici, e le persone che fanno parte della mia vita quotidiana. Come Ignazio, il mio autista. Lo adoro, sembra un attore di Hollywood. Lo vedo e mi mette di buonumore. Dà energia alle mie batterie e non me ne toglie mai.

Armando, che gestisce la mia incasinatissima casa: si occupa di tutto, mi corre dietro, mette ordine nel mio disordine, mi sopporta e supporta, sempre col sorriso. O Silvio, il signore che mi portava il caffè in Fiat al mattino: ogni giorno una battuta, una nuova barzelletta, aveva il potere di alleggerire le tensioni. Devo tanto agli amici che mi sono stati vicini nei momenti peggiori e devo tanto persino ai miei nemici:

mi hanno paradossalmente fatto capire che ci sono valori che non potrò mai tradire. Gli stessi a cui sono venuti meno loro: la lealtà, la verità, il coraggio, la fedeltà, la coerenza e la consistenza.

Comunque con le persone di potere non conta averle incontrate, ma cosa ci fai. Ma è innegabile che certi incontri ti lasciano il segno. E, ormai, fanno parte della mia vita: da Cédric Villani, medaglia Fields (che è una specie di Nobel) per la matematica, a Shimon Peres, a Henry Kissinger.

Mio padre mi ha insegnato una cosa fondamentale: è utile avere un block notes con dei bei nomi e numeri di telefono, ma è inutile se tu questi numeri non li puoi chiamare. E io non ho paura né di chiamare né di chiedere: una cosa che ho imparato è che nella vita non bisogna avere paura dei no, in amore e nel lavoro, perché uno ne riceverà sempre. I no arrivano in momenti diversi, in circostanze diverse. E io ne ho presi tanti, come tutti.

HENRY KISSINGER

Con lui ho lavorato un anno e mezzo: uomo intelligentissimo e coltissimo, con una sofisticatezza di pensiero impressionante. Con lui ho conosciuto il potere: politico, imprenditoriale, manageriale e personale.

Uomo sempre insoddisfatto, di sé e degli altri: qualsiasi cosa facessi per lui, anche alla trentesima volta ti trovava il pelo nell'uovo, magari solo per farti capire che si poteva fare meglio. Era incredibile come venivo trattato con schiettezza solo per il fatto di lavorare con lui.

RICHARD BRANSON

Crea un business formidabile ma contornandosi di cose che lo appassionano e gli danno emozione e persone che lo stimolano. È la dimostrazione che se provi amore per ciò che fai non solo ti diverti ma raggiungi risultati straordinari e fai i numeri.

HILLARY CLINTON

Una donna intelligente e determinata. Velocissima nel ragionamento, anche simpatica.

JACK WELCH

Il suo sguardo ti stende.

EMINEM

L'ho conosciuto in versione privata. È un uomo vero, con le sue difficoltà, e non le nasconde. Non ha paura di usare parole forti e crude, che diventano poesia. È un uomo di contrasti, a partire dal rap: lui, bianco, ha voluto suonare la musica dei neri.

FABRIZIO GIUGIARO

Un caro e prezioso amico con cui ho condiviso più sogni sull'auto e il suo futuro.

ZAHA HADID

Grandissimo architetto, con una visione tutta sua e con una caparbietà nel fare cose nuove, forti, d'impatto.

VLADIMIR PUTIN

È nato come me il 7 ottobre: è una bilancia. L'ho conosciuto anni fa quando lui era vicesindaco di San Pietroburgo e io un ragazzino che non capiva niente: era venuto ospite a pranzo a Villar Perosa. L'ho rivisto in seguito con Kissinger a Mosca in occasione dei meeting per decidere chi avrebbe ospitato i giochi olimpici fra Svizzera e Italia (vinse Torino). Ho passato molto più tempo con il suo assistente: un tizio che parlava diciotto lingue e mi ha fatto sentire un mediocre. Ma la cosa che ricordo di Putin è il suo sguardo: ha occhi che ti penetrano per succhiarti tutto quello che hai dentro ma permettono anche a te di fare la stessa cosa. Non ho mai incontrato una persona di tale freddezza, velocità, capacità. Fra i politici è sicuramente l'uomo più intelligente che abbia mai incontrato. Ha una rapidità mentale, forza di azione e preparazione impressione: sto parlando di uno che ha a disposizione un centro d'informazione tale che gli consente di sapere tutto di te molto prima di incontrarti.

AYRTON SENNA

Da bambino vivevo in Brasile e Senna era il mio mito, il mio eroe. Quando lo incontrai ero emozionatissimo, lo guardavo come si guarda un miracolo. Quando è morto ho pianto. Con lui se n'è andato un mondo che mi manca.

SUOR GIULIANA GALLI

Ha fatto tantissimo per il Cottolengo di Torino. Impressionante decidere di dedicare la propria vita agli altri. Mi ha fatto capire quanto sia importante dare con bontà e generosità. E non aspettarsi qualcosa in cambio.

BILL CLINTON

Il politico con maggiore charme che abbia conosciuto, indiscutibilmente. Perché può tenere una conversazione di un'ora a parlare di un'insalata e farti innamorare dell'insalata. Sono rimasto impressionato dalla sua capacità di sedurre chi lo ascolta.

NICKY VREELAND

Fotografo, ha fatto l'assistente di Irving Penn e Richard Avedon. Sua nonna, Diana Vreeland, fu il mitico direttore di Vogue America. Oggi è il primo abate buddista non orientale e il braccio destro del Dalai Lama. Per seguirlo e aiutarlo a raccogliere fondi ha lasciato da parte gran parte della sua vita. Quando stavo a New York, ogni volta che ero teso e agitato andavo da lui e dopo avergli parlato mi sembrava di camminare su una nuvola.

NONNA CARLA

In tempi difficili, complessi, è sempre stata formidabile. Non perdeva mai di vista l'entusiasmo, la positività e l'amore per la vita.

NONNA MARELLA

Non giudica mai e, se può, ti sorride. È sempre stata presente nella mia vita e di grandissimo aiuto. Viaggia ancora molto, ha mille progetti.

DIANE VON FÜRSTENBERG

Mi ha dato tanto e le devo tanto. Nei momenti difficili c'è stata come nessun'altra, aiutandomi e ospitandomi a casa sua quando stavo davvero male: io vedevo nero, lei mi incoraggiava a cercare l'arcobaleno e a sfruttare i suoi colori per ripartire e ricostruire.

MIA SORELLA GINEVRA

Una delle persone più importanti della mia vita perché non si sottrae ai miei momenti delicati. Mi somiglia nel carattere. È ipersensibile, portatrice di positività e di soluzioni: ragiona con emotività, come me, ma usa meglio la razionalità.

GIOVANNI SOLDINI

È amico di mio fratello: è un uomo vero, sincero, generoso, buono, raro in un mondo così competitivo.

CÉDRIC VILLANI

Siamo diventati amici: parla per 45 minuti di matematica e riesce a farmi stare zitto ed eccitato da ciò che dice. È affascinante per la conoscenza incredibile e l'amore che ha per la sua materia.

SHIMON PERES

Ha vinto il premio Nobel per la pace: uomo di sapere, di forza, di valore e di bontà. È duro e combattivo, ma umano e sereno. Una persona unica.

GAETANO PESCE

Amico e maestro nell'avermi avvicinato al design, che lui ha saputo rendere più vivo ed emotivo.

ANTHONY HOPKINS

Lo conosco e ne ammiro l'eleganza, la finezza, la distinzione senza arroganza e presunzione. Ha un portamento incredibile.

LARRY GAGOSIAN

È uno dei galleristi più famosi del mondo. Ovvio che con lui condividiamo la passione per l'arte, il bello e il nuovo. Ma parliamo soprattutto di automobili: l'auto, e lo dice Larry, prima di tutto è una forma d'arte.

DAVIDE RAMPELLO

È un amico carissimo. È lui che mi ha insegnato tutto sul design e mi ha spinto a interessarmi all'argomento che ora, per me, è diventato un lavoro.

FLAVIO MANZONI

Lavoriamo insieme in Ferrari. Ha una fortissima passione per il bello, ci lavoriamo tutti i giorni, è un amico vicino.

DIDIER KRZENTOWSKI

Grazie a Didier ho avuto la fortuna di scoprire e imparare molte cose sul design contemporaneo e su quello del XX secolo. I nostri breakfast mattutini al Flore mi hanno arricchito ogni volta di qualcosa che non conoscevo.

Poi, come tutti, sogno. E, come tutti, ho i miei idoli. Winston Churchill, perché è stato uno che ha salvato il suo paese e *never surrended*. Madre Teresa di Calcutta. Henry Ford, perché ha inventato un modo di produrre l'auto che ancora oggi è il modello di riferimento. Alessandro Volta, perché è l'Inventore. Oscar Wilde, perché era diverso dagli altri e le sue parole hanno fatto la differenza...

LE SIGNORE DELLA MODA

SUZY MENKES

Ti dà sempre la sua opinione, che ti piaccia o no. E, soprattutto, non ha paura di dirlo. È una persona di cuore e di altissimo spessore professionale.

FRANCA SOZZANI

La conosco dai tempi in cui iniziai a lavorare in Fiat e quando sono stato in difficoltà è stata la prima persona con cui ho voluto parlare ufficialmente in un'intervista su Vogue Italia (l'altra, Mario Calabresi per Repubblica). Con lei ho un rapporto di amicizia vera che non c'entra con il lavoro, costruito nel tempo. C'è affetto reciproco, sappiamo pregi e difetti uno dell'altro.

ANNA WINTOUR

Grandissima professionista. Se non la conosci pensi che sia una persona fredda, invece è molto più calda e simpatica di quanto non faccia trasparire. E ha una grande qualità, ti risponde sempre con chiarezza: o è sì o è no.

*** Io mi vedo così**

AUTO E VELOCITÀ

Io, al posto dei piedi, vorrei delle ruote. Per muovermi più velocemente. E siccome è impossibile, uso l'automobile. O lo skateboard, la bicicletta, il motorino. E quando esagero, volo via.

È la mia voglia di movimento. L'ansia di libertà e indipendenza che mi fa adorare le auto. Il business familiare non c'entra niente: l'automobile, in quanto tale, è il motore della mia vita, è l'oggetto che mi arrapa di più al mondo. Mi eccita. Scatena l'adrenalina. La amo. Amo essere al volante. Amo come mi fa sentire. Dunque non posso farne a meno.

La mia prima auto è stata una Punto grigia con gli interni di pelle blu: è durata due anni, il tempo perché imparassi, ufficialmente, a guidare bene. In realtà guidavo (non in strada, naturalmente) già da tempo. Era l'unico modo per calmare le mie insistenze: motorini, go kart... ho provato di tutto. Oggi anche il solo pensare alle automobili mi mette di buonumore. E poi mi piace da matti non solo guidarle (col cambio manuale, l'automatico mi annoia), anche inventarle. E possederle. Poi ci sono quelle cui sono più grato come la mia 500 blu Bugatti.

Sono gli unici oggetti verso i quali provo un inguaribile senso del possesso. Posso rinunciare a tutto il resto, e non sono legato a nient'altro di materiale. E proprio per questo le cambio spesso: non voglio affezionarmici troppo. La penso come Enzo Ferrari che quando gli chiedevano qual era la sua macchina preferita rispondeva "la prossima".

Comunque come succede in tutte le storie d'amore, per l'auto ho fatto cose da matti. E ho anche sofferto. Soprattutto le ho dedicato quasi tutta la vita. Perché la costruzione di un'auto è una cosa complicata. E questo mi eccita. È entusiasmante studiarne i problemi meccanici. E risolverli. Ma anche progettare tecnologie che oggi non possono essere applicate ma saranno la base di quelle di domani. È incredibile la sensazione di partecipare al Progresso. E di costruire, magari, qualcosa di bello in assoluto. Come lo Squalo della Citroën, il Maggiolone della Volkswagen e la Fiat 500 di Giacosa. Sono entrato a far parte del mondo dell'auto in un momento delicato per la Fiat: il Gruppo si trovava con pochissimi modelli a disposizione. Ce n'erano ma erano un po' vecchi, e quelli che c'erano andavano sostenuti: il marchio meritava di essere riportato al posto giusto. Ma il problema, appunto, era quello che mancava l'auto giusta. Ci saremmo arrivati ma non avevamo mezzi: la parola d'ordine era massima resa, minima spesa. Così abbiamo provato a incominciare dalla fine, da quello step che normalmente è l'ultimo atto per il lancio di un prodotto: la comunicazione. E il punto di partenza non poteva che essere la storia di Fiat. E fu proprio frugando negli archivi che abbiamo scovato una foto di un pilota che portava un giubbotto con la scritta Fiat guidando la Mefistofele a Indianapolis che si accese la lampadina: perché non fare una felpa simile? Abbiamo ridisegnato il marchio storico.

E abbiamo trattato la Fiat come fosse la Ferrari: tiratura limitata, presentazioni e promozione in luoghi che non c'entrano niente con il mondo dell'auto. Il risultato? Liste d'attesa di quattro mesi e gente famosa che scendeva dalle Porsche, dalla Audi, dalle Bmw con addosso la felpa Fiat. Un successo che ha rivalutato il marchio al di là dell'auto. E che ha riavvicinato il nome Fiat alle persone. Poi, finalmente, l'auto è tornata. Le nuove Panda e Punto e, ciliegina sulla torta, la 500, l'auto che tutti in azienda avevamo voluto e per la quale abbiamo molto lottato: da un punto di vista professionale è stato il momento più interessante della mia vita. Anni stimolanti e complicati, ma costruttivi. Le cose, viste dopo, sembrano sempre una passeggiata di salute. Invece non c'è mai niente di facile. Non avevamo i mezzi ma avevamo l'anima. Per questo siamo arrivati a fare un bel prodotto. E ci siamo riusciti perché abbiamo seguito il progetto dal foglio bianco fino alla vetrina del concessionario. E lo abbiamo fatto lavorando in squadra: detesto quando un uomo solo si prende tutti i meriti. Dietro alla 500 ci sono tante persone, io ero uno di quelle, non l'unico.

Oggi sono consulente della Ferrari per il progetto "Tailor Made": un fatto su misura come si usa nelle sartorie, concetto assolutamente innovativo nel settore dell'auto. E il passaggio dall'industria Fiat all'artigianalità Ferrari è la sintesi di quello che io sono come imprenditore: nessun limite. Nessuno snobismo, nessuna missione impossibile. E, soprattutto, una contaminazione di generi che permette di far dialogare, per lo stesso prodotto, aziende che apparentemente non c'entrano nulla: occhiali, automobili, vestiti, telefoni, mobili... possono far tutti parte di un'unica, grande famiglia.

Nella mia vita ho cambiato auto e moto in continuazione, non posso farne a meno. Ora in garage ho un piccolo Moki della Honda, una moto fuori produzione; una Vespa 250 e una 125; la 500 Abarth ss; la Jeep Cherokee SRT8; due Ferrari, California e 458 (le venderò in favore di una F12).

IL NUMERO UNO

Inteso come il primo motorino della mia vita. Fin da bambino ho sempre voluto averne uno: per me significava andare dove voglio, quando voglio, come voglio. La sola idea mi dava un senso di libertà assoluta. Ma con i miei non potevo nemmeno parlarne. Io, invece, ero pronto a tutto. Così, a quattordici anni, mi sono arrangiato da solo. Ho venduto i miei vestiti a scuola: le scarpe, le camicie, le giacce. Anche i Chippewa boots e il giubbotto Segura da moto, rarissimi. E l'ho fatto con grande felicità perché l'obiettivo finale era lo specialino. Non è che fossi il re della discrezione: lo tenevo parcheggiato davanti a casa. I miei fratelli lo sapevano, mia madre no, ma mi ha beccato a un semaforo. Cos'ho detto? Che era di un amico.

IL
DIZIO

MIO
NARIO

A

Affari

Per un imprenditore gli affari sono la benzina del lavoro, bisogna saper leggere i mercati, capire le diversità dei luoghi in cui ti muovi. Gli affari veri nascono dalla consapevolezza, non sono mai frutto del caso.

Arte

È sempre stata una parte importante della mia vita: mio nonno e mio padre mi hanno aperto gli occhi e mi hanno fatto diventare curioso di tutto, dall'antiquariato alla musica. Mio padre ci ha permesso di viaggiare in giro per il mondo, di vedere il bello e di capirlo: l'arte, l'architettura, la cultura in generale. È amico di scrittori, giornalisti, pittori, fotografi, scultori che ho anche frequentato fin da quando mio nonno già mi portava dagli antiquari, negli studi degli artisti, nelle gallerie e nei musei a vedere le mostre. Poi, con il tempo, ognuno affina il suo gusto e si crea il suo canone di bellezza: amo molto l'architettura e il design (soprattutto Sottsass del periodo Memphis) e mi sono

costruito delle amicizie come il mercante Simon de Pury o il gallerista Larry Gagosian. Sono un imprenditore, ma alla base della mia impresa c'è una verve artistica, non riesco a lavorare se non sul bello, che per me vuole anche dire buono. Cioè la cosa giusta, al momento giusto, al posto giusto, al prezzo giusto. Intelligente, insomma.

Audacia

È quell'ingrediente che mi permette di mettere insieme sfida e creatività. Essere audaci è meglio di essere coraggiosi, implica una dose di lucida follia, quella di chi sa osare anche mettendo in gioco se stesso.

B

Bandiera inglese

Non c'è un motivo preciso per cui mi ci sono affezionato. Mi piace il disegno. Io l'ho colorata con il verde-bianco-rosso dell'Italia.

Barca

Io in barca ci vivrei. Mi butto in acqua anche a gennaio, senza muta.

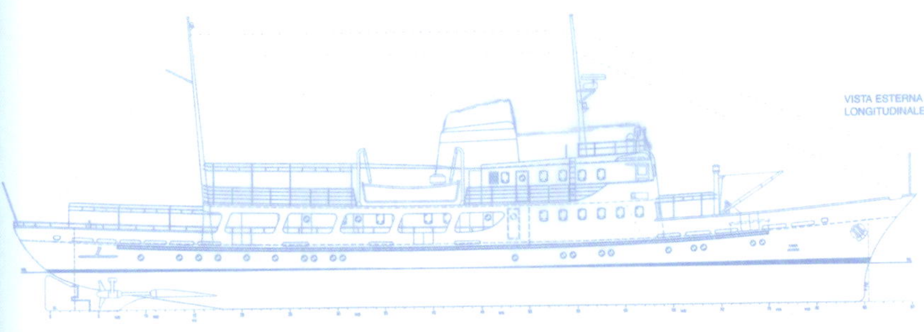

18

35 LAPS TO GO

.U

Non mi vesto mai di nero. Il nero è perfetto solo sulla maglia della Juve. Non mi metto mai uno smoking nero, lo preferisco blu. Perché il blu è il mio colore preferito. Dall'azzurro chiarissimo all'oltremare, dal Bugatti al turchese. È i miei occhi, il mio smoking, la mia 500 blu Bugatti.

C

Calcio

Sono cresciuto con il calcio in famiglia, come posso non essere un grande appassionato?

La mia passione per il calcio nasce però in Brasile. Ho abitato lì dai cinque agli undici anni e mi ricordo come fosse oggi il derby Flu-Fla (Fluminense vs Flamengo). Io tifavo per il Fluminense perché aveva i colori dell'Italia. Poi c'è la Juventus, ma quella è un'altra storia.

Capacità

Dovrebbe essere lei a far girare le cose. Chi è capace deve meritare di più, deve avere il proprio spazio per crescere e partecipare. Sono le persone capaci che fanno crescere gli altri ed è per questo che mi piace stare con loro. La meritocrazia è un problema oggi, perché non viene più vista come un valore, mentre invece dovrebbe essere al centro delle scelte di ognuno. Ciò che merita deve stare davanti, chi è capace dovrebbe esser messo di fare il suo lavoro al meglio.

Carattere

Ognuno ha il carattere che ha, e se devo definire il mio non lo direi proprio facile, ma c'è di peggio... Sono impulsivo, ma anche capace di ragionare quando serve, sono caotico, ma so mettere ordine, eccentrico, ma anche molto classico nell'occasione. Un po' tutto e il suo contrario, ecco questo è il mio carattere.

Cibo

Cucino malissimo. Ma mi piace mangiare e ho sempre fame. A mezzogiorno non salto mai il pasto, è un'ottima scusa per fare un break e trovo sempre il tempo (detesto il panino alla scrivania). Spesso sono colazioni di lavoro (cerco di evitarmi le cene). Vivo di pesce e di carne: la cotoletta alla milanese, il petto di pollo, le grigliate. Bevo tanta acqua, Coca-Cola Zero e Light, succo di frutta mango e pesca. Faccio spuntini a base di gallette di riso soffiato. Insomma, mi nutro ipersano, ma se sono di cattivo umore per tirarmi su non c'è niente di meglio di un piatto di spaghetti al pomodoro e basilico. Molto piccanti: metto il peperoncino calabrese su tutto. La sera mangio sempre fuori e quando sono a New York solo hamburger, hot dog e falafel per strada.

COL

Non serve altro per giocare, se non tutti i colori del mondo. Quello che amo è appaiarli in ogni modo possibile perché è dai loro accostamenti che nascono le cose che mi piacciono. Sanno dare forma e profondità, anima e consistenza alle cose e ai miei progetti.

ORI

D

Dettaglio

Sta tutto lì, apparentemente invisibile ma invece fondamentale per dare personalità a qualsiasi oggetto, vestito, prodotto. Il dettaglio cambia le cose, non bisogna mai dimenticarsi di lui se non si vuole rovinare tutto.

Dialogo

Se si lavora in gruppo, il dialogo è la ricetta segreta per far funzionare le cose. Ho imparato che deve essere così e da allora questa è una regola che applico sempre. Alla base del mio lavoro c'è un confronto con tutto il team, discussioni anche, ma quando l'obiettivo è comune si supera ogni cosa.

Donne

La prima volta che mi sono innamorato avevo otto anni, me lo ricordo benissimo. Era una bambina che veniva a scuola con me. Mi piaceva perché era il mio contrario: timida, introversa. Mi sono dichiarato e ci siamo anche baciati. Lei oggi è sposata, ha dei figli e ci siamo anche rivisti. Le donne sono le mie migliori amiche perché sono ottime consigliere. Ci sono donne cui sono molto grato. Molte di loro mi hanno voluto bene in un momento in cui io non sapevo voler bene a me stesso. Le amo perché fanno sognare, ispirano, mi danno energia. Sono il motore della mia vita.

E

Eccellenza

Quando ho pensato a creare la mia azienda avevo ben chiaro che questo era l'obiettivo, non per superbia, ma perché era evidente che questo era l'unico modo per poter competere sul mercato. L'Italia è eccellenza, oggi il mondo ce lo chiede e dobbiamo puntare a quello.

Eleganza

È un modo di essere, che si vede fuori, ma che nasce da dentro. La sua forma è un'immagine, ma è la sostanza di cui siamo fatti.

Emozione

Penso a Felix Baumgartner, il paracadutista austriaco che ha infranto il muro del suono. Amo le sensazioni forti, belle o dolorose, di sfida o di costruzione, di vittoria. Quello che sicuramente ha provato lui con il suo salto nel vuoto. Mi piacciono le immagini forti, e quella del suo volo nel vuoto è indimenticabile.

Energia

La cerco nelle emozioni e dentro di me. L'energia vitale è ciò che mi ha dato è mi dà la forza di andare avanti. La cosa incredibile è che mi capita di trovarla ovunque: in un lavoro ben fatto, in un motore che romba, in un sorriso, in un prodotto che vedo nascere grazia al lavoro di chi sta con me.

F

Fare

Ogni giorno faccio una quantità infinita di cose. Sono iperattivo, non posso stare fermo, non ne sono capace. Telefono, progetto, scrivo, parlo, chiedo, leggo, digito, incontro, viaggio, arrivo e poi riparto. Amo fare. Io sono ciò che faccio.

Ferrari

Quando arrivo in Ferrari è come se mi sentissi a casa. Lì c'è la professionalità assoluta, dai meccanici, ai progettisti, ai tecnici, la qualità è il top. Sempre. E poi non so come si possa resistere al suono di quel motore che si accende...

Floccato

Il dizionario dice: "Materiale vellutato o scamosciato composto da un supporto di tessuto sul quale sono state applicate fibre di nylon, cotone, seta o altro, usato nell'abbigliamento e nell'arredamento." I miei occhiali li ho fatti così.

Fumo

Prima o poi smetterò.

G

Giocatori

Sono un tifoso di calcio e dei calciatori. Ho un buon rapporto con Materazzi, persona di una gentilezza estrema. Del Piero è un uomo fantastico, Gianluca Vialli un amico, Ciro Ferrara, Buffon...

Non lo conosco perché l'ho solo incontrato in occasione di un Telethon ma Francesco Totti è un grandissimo: arrivato al quattrocentesimo autografo sorrideva ancora. Non conosco nemmeno Mario Balotelli, ci siamo solo sentiti più volte al telefono, per me è un vero talento. Voglio bene a Cassano. Messi? Il più grande. Vorrei vederlo fuori dal Barcellona.

10
LAPO

I

IMMAGINE

Voglio usare la mia immagine in modo creativo, costruttivo e inventivo ma quando è necessario so essere serissimo. L'immagine deve rispecchiare quello che uno è, ma anche quello cui aspira. Deve raccontare quali sono i tuoi interessi al di fuori del lavoro, chi sei tu come persona, cosa provi, in cosa credi. Sono molto diretto, non tergiverso. E ho imparato una cosa fondamentale: non parlo di tutto, parlo di quello che so. In Italia, invece, va molto di moda la tuttologia. Sono consapevole dei miei limiti e so fino a dove posso arrivare: la comunicazione è uno strumento meraviglioso solo se messo a frutto in modo intelligente e diligente, con riflessioni strategiche e obiettivi chiari. Questo per quel che riguarda l'immagine che tu controlli. Poi c'è una parte di comunicazione sulla quale tu, giustamente, non hai voce in capitolo e devi imparare a conviverci. È la temperatura percepita. Che ha un limite: volermi incasellare, volermi mettere in una scatola. Ma io non sono inscatolabile, sono, come tutti, una persona con complessità e sfaccettature. E la temperatura percepita di cui sopra non corrisponde mai alla realtà dei fatti. Spesso al pubblico arrivano di te immagini che fanno parte di attimi, di momenti della tua vita e vengono usate per vendere più giornali. Fanno notizia senza che la notizia ci sia veramente. È incredibile come l'immagine

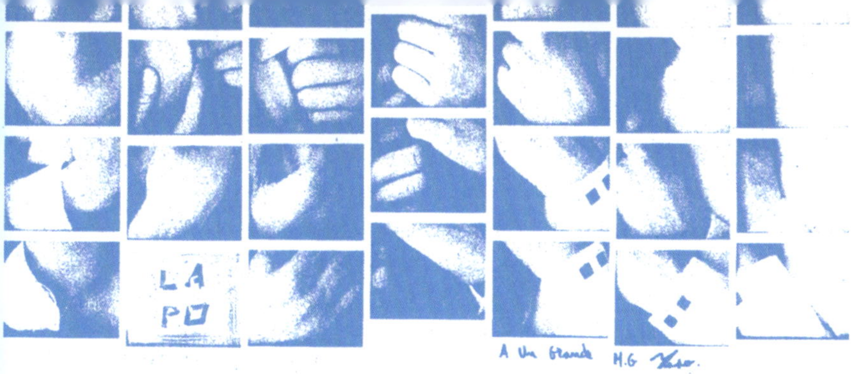

che ho in Italia sia così diversa da quella che ho all'estero. Là sono riconosciuto come una persona seria anche se eccentrica. Parlano di me come di un imprenditore illuminato e non entrano nel merito della mia vita privata. Invece la mia immagine in Italia è un mix di ingredienti: sono quello che faccio, le mie aziende ma anche la mia famiglia, la Fiat, la Juve, la Ferrari, i miei presunti flirt e le vere fidanzate, i miei vestiti, le mie parole... La satira e l'ironia nei miei confronti sono scatenate. Per fortuna ho un gran senso dell'umorismo e trovo alcune "critiche" molto spiritose. Per il resto, contro gli attacchi più volgari bisogna imparare a non farsi irritare. Così è, punto.

IMMAGINI

Quelle che ricordo, quello che mi porto dentro: la vittoria dell'Italia contro la Francia con la testata di Zidane, l'incidente di Senna a Imola, la morte di Simoncelli, le vittorie della Juve, Soldini quando ha fatto il giro del mondo in solitario, i cartoni animati, i manga e i toys giapponesi, Holly e Benji, Tin Tin, Dylan Dog, Le Petit Nicolas, Il Piccolo Principe, i supereroi della Marvel, la falce e martello di Andy Warhol, Alighiero Boetti, Roy Lichtenstein, le foto di Helmut Newton e di Robert Mapplethorpe, la nascita dei figli di mio fratello e di mia sorella, il funerale del nonno, i viaggi, i momenti vissuti con certe persone, le vittorie degli scudetti o dei gran premi di Formula 1, le mie cadute e i punti di partenza e ripartenza della mia vita e delle mie attività, il lancio di Italia Independent, l'approvazione della 500, il lancio del su misura Ferrari, l'11 settembre a New York (due giorni dopo ero a Ground Zero con Kissinger e Giuliani)...

J

Jet-lag

Nessun jet-lag è mai riuscito a mettermi in difficoltà.

Juventus

Quando gioca la Juve divento un tifoso vero, m'incazzo, mi agito, divento intenibile: sono un tifoso emotivo ma data la mia posizione devo contenermi nelle mie esternazioni. È che ci tengo da morire. Sono passionale e voglio vincere, il resto conta poco.

L

Leone

Un animale bellissimo, è la forza, la grinta, il coraggio, l'eleganza, il comando. E poi è il nome di uno dei miei nipoti.

Lusso

Si costruisce giorno per giorno, seguendo i propri gusti. Niente sfarzo e lustrini, ma qualità e storia. Oggi il lusso è personalizzare, rendere un oggetto unico.

M

Mare

È il mio luogo preferito, il posto dove sto meglio al mondo. Magari su una barca a vela. L'energia, la tranquillità, la positività, la limpidezza, la lucidità, la capacità di riflessione che ho in mezzo al mare non le trovo da nessun'altra parte. Giovanni Schiaffino, che è il mio capitano, sostiene che sono un gran marinaio e che non sono il signore con il foularino che dice tira la corda, frena e accelera. E a me questo basta.

Musica

Se parliamo di americani dico Eminem e 50 Cents. Ero un fan di Michael Jackson: la sua poesia, l'energia e la sostanza, con tutto il rispetto per Madonna e Lady Gaga, non mi sono mai più arrivate da altri. Però la musica sono costretto solo ad ascoltarla, perché oggi canto come un cane e se penso che da bambino ero tenore nel coro dell'Opera di Parigi mi chiedo come sia stato possibile. Nel mio i-Pod: tanto hip-hop, rap, classica, colonne sonore di Ennio Morricone, Vangelis, Jean Michel Jarre, John Williams, Vasco Rossi, Fabri Fibra, Gianna Nannini, Jovanotti; amavo moltissimo Pavarotti e Lucio Dalla. Ma anche la mia infanzia in Brasile ha lasciato un segno: Caetano Veloso e Maria Bethania. Dalla Francia ho ereditato Johnny Hallyday e Patrick Bruel.

N

Numero

Non sono scaramantico quindi non voglio parlare di portafortuna, ma sono nato il 7 ottobre del '77 alle 7 del mattino. Però, tanto per assecondare la sorte, tutti i prezzi dei prodotti della mia azienda finiscono per 7. E la barca dei miei sogni sarebbe un 77,7.

O

Ordine

Ognuno ha il proprio, e anche se guardando la mia scrivania, per esempio, sembra che il mio non esista. Invece c'è.

P

Palma

Per me rappresenta vacanza, libertà, leggerezza, felicità. Cresce dove e come le pare. Ho la casa piena. Ce ne sono 2600 specie. Quelle del Brasile stanno tutte nelle 400 pagine del mio libro preferito *Palms* di Taschen.

Persone

L'unico modo per vivere bene sul lavoro e nella vita è trovare le persone giuste con cui condividere la tua visione del mondo e gestire il business di conseguenza. Sono loro che fanno la differenza e certi rapporti si costruiscono solo faccia a faccia, attorno a un tavolo, che è il punto di forza di noi latini. Per scegliere le persone giuste non serve la tecnologia ma ci vogliono istinto, sensibilità, intelligenza, passione. Incontri le persone e, guardandole negli occhi e parlando con loro, fai la tua scelta. Che è importantissima perché la differenza la fai con le persone: se non hai il senso delle persone, di chi sono e di chi ti serve, rischi di perdere ciò che hai costruito. O di non riuscire a costruire niente di quello che sogni. Da solo non si arriva da nessuna parte.

Prodotto

Il passo vero che ho fatto quando sono diventato imprenditore è stato quando la mia azienda veniva cercata e riconosciuta per il suo prodotto. Quando abbiamo dimostrato che la nostra visione e il nostro lavoro creavano qualcosa di buono. Oggi il nostro prodotto è apprezzato, capito, riconosciuto. Quando vedo il concretizzarsi del lavoro, quando vedo gli oggetti reali che arrivano dalla produzione, quando vedo il nostro prodotto finito è sempre un'emozione grandissima.

R

Responsabilità

Non mi fanno paura, anzi sono il sale della mia vita. Ne ho tante, e non mi sono mai sottratto. E ho pagato in prima persona. Nessun rimpianto.

Rispetto

Deve essere la base di ogni rapporto tra le persone, se manca crolla tutto e non c'è modo di collaborare. Nella mia squadra di lavoro è il cemento che ci tiene uniti e che ci ha fatto arrivare ai risultati che abbiamo ottenuto.

S

Squalo

Non è cattivo come lo raccontano, è potente. Mi piace la sua forma, è come se fosse un capolavoro dell'arte. Sono stato alle Galapagos e in Sud Africa per vedere gli squali in mare. E poi c'è lo squalo più bello di tutti, la Citroën DS, l'auto del generale De Gaulle. Elegantissima.

Sveglia

In realtà non la uso: mi sveglio naturalmente alle sei della mattina. Non dormo molto, vado a letto tardi e mi sveglio presto. E poi dormo male. Ho provato a fare anche una cura del sonno ma non ha funzionato. Non dormendo, penso e lavoro, e rompo le scatole a tutti. Comunque per prima cosa, quando mi alzo dal letto, mi faccio un caffè espresso con il dolcificante. Il numero uno della giornata. Niente colazione e mentre bevo il primo caffè della giornata tengo la televisione accesa sui notiziari mentre leggo i giornali sul letto. Nell'ordine: la Stampa, il Corriere, la Repubblica, la Gazzetta dello Sport, il Sole 24 Ore e il Financial Times. Mi piace essere informato su tutto.

T

Tatuaggi

Ne ho diciassette addosso. Il primo l'ho fatto con mio cugino Andrea a diciassette anni. In famiglia non si sono scandalizzati, anche il nonno aveva due tatuaggi. Quelli che ho adesso sono: la traduzione in mandarino di *never surrender*, una palma, lo scudetto della Juve, uno squalo, la stella di David, la bandiera italiana, la statua della Libertà; le scritte Independent, outsider, *unstoppable* e *kamikaze*, che significa vento divino; i simboli del bene e del male nel fuoco; le parole *alive* (vivi) e *naughty* (birichino) in caratteri giapponesi; il disegno a doppie frecce di *fast forward,* avanti veloce; la preghiera della serenità in inglese, sull'avambraccio in modo che ogni tanto possa leggerla. Conosco tatuatori in tutto il mondo. A Los Angeles c'è Mark Mahoney, il Van Gogh dei tattoo, leader del Shamrock Social Club (lo stesso di Brad Pitt, Angelina Jolie, Johnny Depp, Britney Spears...). A New York Daredevil, a Parigi Tin-tin Tatouages.

Tecnologia

La tecnologia deve essere un'alleata, deve facilitare le complessità della vita. Il problema è non diventarne schiavo, non passare dal Blackberry al *crackberry*. Io spesso sono schiacciato dalla tecnologia, quando ho troppo lavoro non riesco a dire basta, divento un email dipendente e compulsivo. Devo imparare a staccare ogni tanto perché è l'unico modo per vivere bene. Ma quando fai un lavoro come il mio, ci devi essere sempre, non puoi sparire. E in questo caso la tecnologia ti aiuta, ma non ammette scuse. Da un punto di vista del mio lavoro

io seguo i principi di quella che in azienda chiamiamo "tecnologia calda". Che significa innovazione e tradizione insieme. Un qualcosa che non ti spaventi, anzi, ti faccia stare meglio e ti renda la vita più efficiente e facile. Magari anche più bella.

Tifo

Io ho una passione sfrenata per la Juve. È tutta colpa di mio nonno. Ci portava da bambini, me e mio fratello Jaki, agli allenamenti e alle partite. Erano momenti bellissimi. Per la Juve il mio è amore è incondizionato, trascende la ragione e la ragionevolezza: non l'ho mai abbandonata, soprattutto nei momenti più difficili. Ci sono sempre, con l'orgoglio e la fierezza di appartenenza a una fede: il giorno in cui siamo andati in serie B io mi sono tatuato il simbolo della squadra. Sono stato, sono e sarò sempre fedele alla Juve, ma mi piace il calcio in assoluto e guardo anche le altre partite. Le mie seconde squadre sono, in Italia, il Palermo e il Napoli; in Spagna il Barcellona; in Francia l'Olympique Marsiglia; in Inghilterra era il Chelsea finché c'era Vialli.

U

Unico

Ognuno di noi lo è. Il problema è che a volte ce lo dimentichiamo e ci perdiamo qualcosa.

Essere unici è la bellezza della vita, avere il coraggio di farlo fino in fondo è fondamentale. Non bisogna mai avere paura di osare essere se stessi.

V

Velocità

Non ne posso fare a meno. Ma non solo della velocità in pista, ma della velocità della vita in generale! Incontri, dialoghi, lavoro, spostamenti. Sono nato per essere veloce, è il mio destino.

W

Weekend

Mi annoia andare nei soliti posti. Se avessi una famiglia, dei figli, probabilmente ragionerei diversamente, ma sono libero, quindi posso decidere all'ultimo. E spesso succede proprio così. Tanto sono organizzato sul lavoro, quanto sono disorganizzato nel mio tempo libero. Non faccio programmi che comunque smonterei. Quindi, quando sento di partire, parto.

Io lo conosco bene...

Essere papà di Lapo è la stessa cosa di essere papà di Jaki e di Ginevra. Lui è uno dei miei tre figli che io amo moltissimo. Ho la fortuna di sapere che tra loro sono uniti nelle decisioni della vita e simili nei principi. Nello stesso tempo sono diversi. Lapo è un uomo estroso, creativo, fantasioso, istintivo. C'è un rapporto profondo e costante, di grande affetto e solidarietà, quindi di fiducia. Un rapporto naturale tra genitore e figlio, che comunque va alimentato. Quando tuo figlio diventa adulto, al di fuori dell'amore ovvio, devi costruire. Lapo mi parla molto, e io parlo con lui. È importante. Sono orgoglioso che, nonostante le traversie, abbia saputo tirarsi su. È un uomo forte, con forte determinazione e forte volontà. Così come i suoi fratelli, ha ambizione e voglia di una riuscita personale, al di là della famiglia. Questo è molto meritevole, molto bello: sono dei gran lavoratori. Tutto merito loro: non ho mai insegnato niente ai miei figli. Forse l'eclettismo della mia vita è servito: con me hanno conosciuto un mondo fatto di scrittori, intellettuali, artisti e questo ha dato loro un raggio più vasto. Li ho sempre incoraggiati a viaggiare, a conoscere il mondo a incontrare le persone, a farsi amicizie solide. Ho cercato di spiegare che la cosa più importante è l'amore, che non va mai dato per scontato ma va lavorato, fatto vivere. E noi lo facciamo tutto il tempo perché siamo molto uniti. In famiglia ci si aiuta, quando c'è un momento difficile si cerca di ricomporre. E Lapo in questo è molto bravo. È affezionatissimo ai fratelli e ai nipoti. E spero che anche lui, un giorno, si faccia una famiglia, che non sia mai solo. In qualche modo lui è ancora il mio bambino. È scapolo, non ha figli, è l'ultimo rimasto e con lui ho un rapporto ancora come con un ragazzo.

Quello che mi colpisce di Lapo è la passione per quello che fa. Non solo ha talento, ha anche il talento di scoprire chi ha talento. E questo da sempre. Credo che sia un amico caldo e affettuoso perché è buono e generoso. La cosa che lo contraddistingue e che a me piace è la sua intelligenza eclettica e eccentrica, che va ben al di là della moda. Si occupa anche di moda in un certo modo ma non è solo quello il suo mondo. È una persona curiosa. È capace di suscitare fiducia e simpatia in persone molto differenti. Sa parlare con la gente più umile e con quella più potente.

È sincerità, non affettazione. È abituato fin da bambino alla multietnicità. Ha amici di ogni continente, è un uomo del mondo. E ama molto conoscere le persone. Ha un'energia incredibile. Stanca quelli che lavorano con lui. È vulcanico, non distingue la domenica dal lunedì o la sera dalla mattina. Sembra pieno di difetti, ma se non ne avesse sarebbe noiosissimo. Come tutte le persone molto creative pur essendo generoso è un grandissimo egocentrico e quindi a volte è esageratamente io io io. Però lo si perdona perché non è un vanitoso, un presuntuoso, è semplicemente un vulcano. Ho stima di lui, anzi, più che stima. Mi fa piacere che sia stato capace di mettere insieme un gruppo di amici con cui lavorare, di avere delle idee, di fare delle cose da sé. Lapo è un sognatore che ama realizzare i suoi sogni, e ne ha talmente tanti che prima che riesca a realizzarli tutti... Questo fa di lui un eterno insoddisfatto. E questa sua insoddisfazione gli dà la spinta a fare di più.

Certamente Lapo con tutto quello che ha fatto, visto e viaggiato è un uomo che, per l'età che ha, ha una grandissima esperienza. Pur essendo sulle copertine dei giornali vestito di giallo e di rosso in realtà è una persona modesta, non è arrogante, non si dà delle arie, per niente. Ha una fortissima energia che comunica agli altri e come tutte le persone che hanno grandi momenti di euforia ha anche grandi tristezze e solitudini. È un uomo profondo, con i suoi pensieri e i suoi dolori. E sa nasconderli bene. È un figlio adorabile. (Un po' di pubblicità: porto gli occhiali di Lapo quelli per leggere, ultraleggeri. Sono fantastici li uso sempre.)

Alain Elkann

CARLO BORROMEO
designer

Il bello di lavorare con Lapo è il suo principio: "Qui niente è impossibile". C'è uno spirito pazzesco in Italia Independent e c'è una leggerezza. Una spensieratezza che creativamente è incredibile: hai tanta libertà e Lapo è una risorsa infinita di idee. L'entusiasmo dei ragazzi che lavorano con me sui progetti di Lapo è la dimostrazione di quello che dico e la loro gioia si vede: il risultato sono prodotti divertenti e spensierati che si vendono. Poi Lapo è uno che ti dà l'occasione. Quando l'ho conosciuto lavoravo da Fabrizio Giugiaro e quando mi sono messo in proprio Lapo mi ha subito chiamato. E ha fatto lo stesso con un mio assistente di 21 anni, che grazie a Lapo ha già un bel portfolio. La nostra amicizia è nata per la passione comune per le auto, il design delle auto. Ed eravamo d'accordo su un principio fondamentale: non basta far quadrare i conti e l'imprenditore illuminato oggi non può più gestire da solo il business. Così noi ci siamo messi a fare le cose che ci piacciono e che sappiamo fare. Con le persone giuste.

IGNAZIO SEDITA
l'autista

Lapo lo conosco da quando era un ragazzino avendo lavorato per la famiglia Agnelli. Poi, nel 2003, sono diventato il suo autista. Gli ero attaccato giorno e notte (beh, notte proprio no). È un gran personaggio, simpatico, generoso, un creativo. Generoso vuol dire che si spreca per te, ti dà l'anima, è sempre presente nei problemi. Sembra casinista, in realtà non lo è. È divertentissimo. Sta al telefono molto ma le poche volte che non parla con altri riusciamo a dialogare come si deve. Di calcio, soprattutto: io sono interista. Gli piace ascoltare le opinioni degli altri anche se non contano nulla, ma quello che pensi gli è utile. È noto che in Fiat si faceva consigliare da Silvio che gli portava il caffè tutte le mattine. Come si può non voler bene a Lapo? Tutte le volte rimango basito perché ha una memoria incredibile. Si ricorda gli oggetti, i dettagli "finalmente ti sei messo la cravatta che ti ho regalato tre anni fa" mi ha detto una volta. Un'altra ci siamo fermati a un semaforo. La gente che attraversava lo ha riconosciuto e Lapo ha tirato giù il finestrino per salutare. E a uno ha detto "Mi ricordo di te, ci siamo incontrati tre anni fa: avevi una giacca rossa".

ARMANDO BARZOLA
collaboratore

Lapo è una persona gentile e generosa. Mi fa molti regali: scarpe, pantaloni... Per lui mi occupo un po' di tutto. Dalla spesa (tanta acqua naturale e succo di frutta pesca e mango, gallette di riso, carne, uova...) all'organizzazione della casa, che deve essere perfetta. Del guardaroba si occupa un'altra signora, Milca, che rimette a posto gli abiti, lava, stira. Lapo non è come ci si potrebbe aspettare, ti tratta benissimo, con grande educazione. Parliamo molto e mi ha anche aiutato in un momento di difficoltà. Certo, devi stargli dietro perché ha troppi pensieri quindi di certe cose non si può occupare. Cosa devo avere sempre a portata di mano? Un pacchetto di sigarette. Devo essere pronto a correre in ufficio da lui con l'abito di ricambio o la Ferrari: mai avrei pensato che in vita mia mi sarei seduto su un'auto così, figuriamoci guidarla.

Nomen Omen

Lapo

variante di Iacopo, colui che Dio ha protetto.

Lapacho

albero dell'America meridionale che fornisce un legno duro e pesante.

Lapalissiano

ovvio, chiaro, inequivocabile.

Lap-dance

uno dei molti modi di ballare.

Lapillo

cristallo, pezzetto di roccia o altro elemento piroclastico solido, lanciato da un vulcano. Anche pietra preziosa.

Lapis
matita.

Lapislazzulo
pietra di colore azzurro intenso.

Laps
giri.

Lapsus
errore non intenzionale.

Laptop
personal computer portatile.

DOVE

Impossibile per una persona che viaggia tanto come me segnalare gli indirizzi preferiti nel mondo. Soprattutto perché il mondo cambia in continuazione: manchi per un mese in una città come Tokyo o Shanghai e, quando ci torni, la trovi diversa, è tutto nuovo. Mi limito a suggerire luoghi che conosco bene, che per me sono una garanzia, quelli che mi sono venuti in mente in dieci minuti. Se penso all'abbigliamento posso dirvi: A Torino: Sartoria Mescia via Bertola 5; Alessandro Martorana, piazza San Carlo 206. A Milano: A. Caraceni, via Fatebenefratelli 16; Rubinacci, via Montenapoleone 18; per le camicie (e i fazzoletti) AD56, via Fatebenefratelli 15. A Roma: Tommy e Giulio Caraceni, via Sardegna 50; per le scarpe, Marini, via Francesco Crispi 97. A Perugia: Lemmi, via Guglielmo Marconi 59. A Genova: per le camicie (e i fazzoletti) Finollo, via Roma 38. A Bologna: per le scarpe Fasciani, via san Vitale 42. A Forte dei Marmi: per le scarpe Alberto Moretti/Arfango, Via Carducci 1. A Londra: Anderson & Sheppard, 32 Old Burlington Street, W1S 3AT; Huntsman & Sons, 11 Savile Row, W1S 3PS; per le scarpe: Lobb, 88 Jermyn Street; per gli occhiali: Cutler & Gross Flagship, 16 Knightsbridge Green, SW1X 7QL. A Parigi: Tabio (per i calzini), 32 Rue Saint-Sulpice; Charvet, 28 Place Vendôme; per le scarpe Berluti, 171 Boulevard Saint-Germain.

Mi piace mangiare bene e quando vado in un altro Paese non sono l'italiano che cerca la pasta al pomodoro. Fidatevi di me sapendo che in America vado da Starbucks (adoro il caffè caramel macchiato e il frappuccino), mastico chewing gum alla cannella (Trident e Big Red, le trovate ovunque), a Parigi bevo Orangina, Perrier e latte con sciroppo di fragole, e tutte le volte che parto da Malpensa mi faccio un Big Mac da McDonald. Comunque ecco qualche suggerimento:

Brasile

A Rio la Churrascaria Porcao (Av. Infante Dom Henrique, carne buonissima); a San Paolo il Figueira (Rua Haddock Lobo 1738, lo conoscono tutti: carne e pesce ma soprattutto c'è un ficus enorme), si trova vicino vicino all'Hotel Fasano (Rua Vitorio Fasano) l'albergo più fighetto di San Paolo, io preferisco il Copacabana a Rio.

New York

Ci vado spesso: mi piace viverla, respirarla, sentirla. Affitto sempre una macchina perché voglio anche "guidarla". Ma ci giro tantissimo anche a piedi. Suggerisco una passeggiata a Central Park (io ci entro all'altezza della 73th e 5th) e una camminata sulla West Side Highway o sul fiume, per guardare l'acqua e le barche (prendete una barca se potete: Manhattan vista dall'acqua è incredibile). Fate un giro a Chinatown e Canal Street e guardatevi attorno: le persone, gli oggetti sono interessantissimi. E visto che ci siete fatevi un hot dog per strada, io lo mangio sempre. Ecco i miei indirizzi "golosi": Katz's Deli (205 East Houston Street, c'è dal 1888, è quello dove hanno girato la famosa scena di Harry ti presento Sally, porzioni gigantesche); Bar Pitti (268 6th Avenue, il proprietario è un caro amico fiorentino e juventino e quando stavo a New York guardavo le partite con lui); Cafe Gitane (270 Lafayette Street, ci mangio il toast con avocado, peperoncino e limone); a Brooklyn Peter Luger Steak House (178 Broadway, mi piace il mix di persone); G. Melon (1291 3rd Avenue, l'hamburger migliore in città); Cipriani (376 West Broadway, per trovarci un ambiente conosciuto); Mr Chow (121 Hudson Street e 324 East 57th Street, cinese pazzesco, non perdete lo show dello chef che "tira" gli spaghetti al momento); Blu Ribbon (119 Sullivan Street, a Soho, piccolo sushi bar); La Esquina (114 Kenmare Street); 21 Club (21 West 52nd Street, elegante e romantico, un classico); Sant Ambroeus (259 West 4th Street per il caffè del mattino). Se ho tempo vado a teatro e al cinema per tutte le anteprime e, ovviamente, nei musei (Metropolitan, Natural History, Whitney, Guggenheim); giro per gallerie come la Sperone

Westwater (257 Bowery); Luxembourg&Dayan (Amalia Dayan è un'amica, 64 East 77th Street); Bill Acquavella (18 East 79th Street). Non perdetevi una puntatina da Fao Schwarz (767 5th Avenue): è il negozio di giocattoli più incredibile del mondo, e da Barneys, per aggiornarvi su moda e stile. Per dormire: The Carlyle (35 East 76th Street); The Mercer (147 Mercer Street); The Lowell (28 East 63rd Street); Soho House (29-35 9th Avenue); The Standard (848 Washington Street). Per un tatuaggio, Daredevil Tattoo, 174 Ludlow Street.

Parigi

Qui sono cresciuto, ho riso, mi sono divertito, ho ballato, ho studiato (ci ho abitato dopo gli 11 anni): in fondo è la mia città, una delle più belle del mondo: è violentemente meravigliosa. Se ti chiedono cosa ti piace di Parigi, tu rispondi, piuttosto, cosa non ti piace. Basta camminare per le sue strade, guardare giù dai ponti, infilarti in un café per capire cosa dico. Amo i mercatini delle pulci: Porte de Vanves, Saint-Ouen, La Bastille (su Internet ci sono tutti gli indirizzi e gli orari). Frequento il 16ème e il 15ème. Rue de Seine per i negozi di mobili, Colette per i gadget e la ricerca nella moda (213 Rue Saint-Honoré). Ristoranti e café dove passare le ore: La Palette (43 Rue de Seine); il Café de Flore (172 Boulevard Saint-Germain); Diep (55 Rue Pierre Charron, cinese famosissimo); Chez Georges (1 Rue du Mail, vin chaud e specialità francesi); Brasserie Lipp (151 Boulevard Saint-Germain, frequentata da politici, giornalisti e scrittori); Le Voltaire (27 Quai Voltaire, vicino al Musée d'Orsay); Brasserie de L'Isle Saint-Louis (55 Quai de Bourbon, mi piace quello che si mangia e come sono i proprietari). Per l'arte: la Galerie Kreo, 31 Rue Dauphine e la Galerie Yves Gastou, 12 Rue Bonaparte. Tatuaggi da Tin-tin Tatouages, 37 Rue de Douai.

Roma

Mi piace andarci nei weekend: ci sto poco e, quando ci sono, sto in famiglia, con i miei nipoti. Qui è bello andarsene in giro a piedi nel Ghetto ebraico, al Colosseo, un aperitivo sulla terrazza dell'Eden (via Ludovisi 49) o al Caffè della

Pace (via della Pace 3/7). Per mangiare bene: Tullio (via San Nicola da Tolentino 26, per tutto, soprattutto mozzarelle e puntarelle); da Giovanni (via Marche 64, dopo lo stadio la domenica); l'Antica Pesa (via Garibaldi 18, cacio e pepe); Trattoria Otello alla Concordia (via delle Croce 81, si mangia all'aperto); Da Nino (via Borgognona 11); la Vecchia Roma (piazza Campitelli 18, coda alla vaccinara e bucatini all'amatriciana); il pesce, formidabile, a Fregene: Mastino (via Silvi Marina 18) e La Scialuppa da Salvatore (via Silvi Marina 69).

Milano

Vivo tra casa e ufficio, tutta zona Ticinese (faccio la spesa da Faravelli, uno dei macellai più famosi, in corso Italia 40). I miei ristoranti: Trattoria Da Giannino (Via Vittor Pisani 6); da Giacomo (via Pasquale Sottocorno 6, vado spesso anche al Bistrot, di fianco); Baretto (via Senato 7); al Porto (piazzale Antonio Cantore); Sant'Eustorgio (piazza sant'Eustorgio 6); California Bakery (piazza Sant'Eustorgio 4, per un break); Paper Moon (via Bagutta 1); la Latteria San Marco (via San Marco 24); i giapponesi Nobu (via Gastone Pisoni 1) e Zero (corso Magenta 87). Spesso un Big Mac da McDonald e un giro da 10 Corso Como e in Triennale.

Torino

Per mangiare a Torino non mancano i posti, ne segnalo solo alcuni: Arcadia, piazza Castello 29; Vittoria, via Carlo Alberto 34; Vintage, piazza Solferino 16; al Cambio, piazza Carignano 2; Da Mauro, via Maria Vittoria 21; Sotto la Mole, via Montebello 9; Porto di Savona, piazza Vittorio 2; Gatto Nero, corso Turati 14. Oppure i meravigliosi bar storici: Platti, corso Vittorio Emanuele 72; Baratti in Galleria Subalpina, piazza Castello 27; Mulassano, piazza Castello 15; Caffè Torino, piazza San Carlo 204. Ed è anche una città di arte, musei e teatri: Museo Nazionale del Cinema, via Montebello 20; Cineteatro Baretti, via Baretti, 4; Casa Mollino, via Napione 2; Teatro Regio, piazza Castello 215; Galleria Franco Noero piazza Giulia di Barolo 16/D (che potete visitare su appuntamento); Project space, piazza Santa Giulia

0/f; Fondazione Sandretto Re Rebaudengo, via Modane 16; Fondazione Merz, via Limone 24; Pinacoteca Giovanni e Marella Agnelli, via Nizza 230; Museo Egizio, via Accademia delle Scienze 6; Galleria Cristiani, via Porta Palatina 13.

Bologna

Si mangia benissimo: Rodrigo (via della Zecca 2); Diana (via dell'Indipendenza 24). Quando sono a Maranello da Montana (via 20 Settembre 3, mi trattano come se fossi un loro figlio, e anch'io sono affezionatissimo: mi fanno i tortellini alla panna o in brodo, la tagliata, il parmigiano con aceto balsamico); vado anche da Il Cavallino (via Abetone Inferiore 1); al Drake (via Nazionale 60). Ma spesso mangio in Ferrari, alla mensa.

Los Angeles

L'adoro perché posso girare in macchina tutto il giorno andando ovunque: Malibu, West Hollywood, Venice, nel quartiere coreano, nei flea market (ce ne sono ovunque) dove compro vintage di tutti i tipi. Su Melrose per jeans e sneaker introvabili altrove. Quando vengo qui faccio surf e mi alleno col Soul Cycle; a mezzogiorno mangio in uno dei green restaurant (ce ne sono a centinaia: insalate e succhi di frutta buonissimi). La sera da Gjelina (1429 Abbot Kinney Boulevard); Giorgio Baldi (114 West Channel Road, Santa Monica). Per un drink al Chateau Marmont (8221 Sunset Boulevard, Hollywood) o al Sunset Marquis (1200 Alta Loma Rd, West Hollywood, ci vanno tutti quelli della musica). Tatuaggi: Mark Mahoney, 9026 W. Sunset Blvd, Hollywood.

Londra

La mia zona preferita è Notting Hill, dove ho anche abitato. È il regno dell'eleganza. Quando sono qui sono estasiato dalla bellezza dei negozi, dalla cura. Mi fermo ore persino davanti alle vetrine di sigari, che peraltro non fumo. Ecco alcuni indirizzi imperdibili: Smythson (40 New Bond Street: la cartoleria più bella del mondo, qui le agende più snob); Savile Row (la conoscono tutti, è quella dei sarti, uno più bravo dell'altro); Taylor of Old Bond Street (74 Jermyn Street per profumeria straordinaria, da perderci la testa); Burlington Arcade (51 Piccadilly per lo shopping di moda e accessori); Jermyn Street e Dover Street Market. Adoro Bibendum (81 Fulham Road, non solo per il granchio e le ostriche migliori della città ma anche per l'architettura: un vecchio garage, mi riporta al mondo delle auto); Le Caprice (Arlington House, Arlington Street); Wilton's (55 Jermyn Street, pesce buono); Scott's (20 Mount Street, carne buona); Bombay Brasserie (Courtfield Road, indiano); Mediterraneo (37 Kensington Park Road, Notting Hill Gate, se ti manca la cucina italiana); Falafel King (274 Portobello Road, North Kensington).

Essere buoni non è essere fessi. La generosità dovrebbe essere un pregio, non un difetto. Invece... io ho voglia di essere quello che sono: non ho nessuna intenzione di diventare cattivo per non sembrare debole. I deboli sono coloro che non accettano i cambiamenti, che non sanno relazionarsi con gli altri. Eppure questa è la chiave per capire il mondo e vivere con stile.

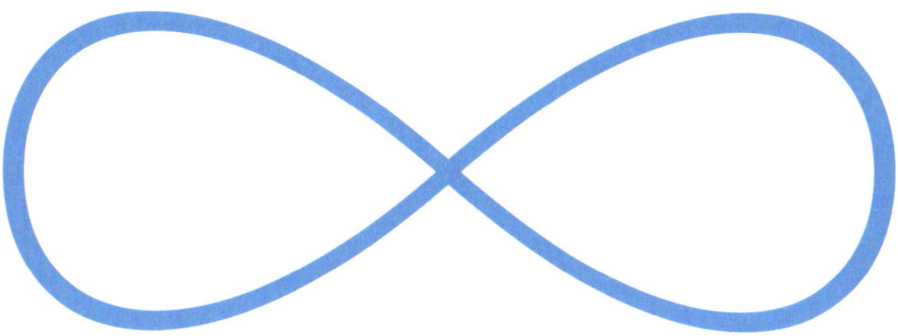

Il libro continua: accedi ai contenuti crossmediali con il tuo smartphone. Scopri come su www.lapoelkann.com